組織不正はいつも正しい

ソーシャル・アバランチを防ぐには

中原翔

光文社新書

はじめに

本書は、組織不正がなぜなくならないのかを、組織をめぐる「正しさ」に注目しながら説明する本です。

組織不正というと、本書でも扱うような燃費不正や品質不正などを思い浮かべる方が多いかと思います。それらの組織不正はあくまで他社の出来事としてメディアを通して伝わってくるため、どこか他人事のようにも感じるかもしれません。

しかし、本書を読んでいただければ分かるように、組織不正とは、いつでも、どこでも、どの組織でも、誰にでも起こりうる現象と言えます。なぜなら、組織不正とは、その組織ではいつも「正しい」という判断において行われるものだからです。

いつも「正しい」と思っていたものが、ある日組織不正として取り上げられたり、その責任を追及されたりする。だから、誰にとっても問題である、と私は考えています。そのため、決して他人事ではなく、「いつか自分の身にも起きるのではないか」という気持ちで本書をご覧いただければと思います。詳しくは後ほど説明していきますので、ここでは少しだけ自己紹介をさせてください。

私は中原翔と申します。これまで組織の不祥事（以下、組織不祥事）について研究をしてきました。神戸大学大学院経営学研究科に入学し、大阪産業大学で教鞭をとるようになってからの約一〇年間を組織不祥事という現象の解明に費やしてきました。二〇二四年四月からは立命館大学経営学部にて教鞭をとっており、引き続き組織不祥事や組織不正について研究しています。

組織不祥事について言えば、企業組織や大学組織などの大きな組織が何か問題を起こすことと思われるかもしれません。実際に、これまでの組織不祥事とは、組織の問題として完結する場合も多かったと言えます。つまり、「組織不祥事＝組織問題」であったのです。

しかし、昨今ではSNSなどにも見られるように、組織が明確に問題を起こしていなくとも、それが関係者の利害によって問題として「作られる」ことが少なくありません。つまり、組織不祥事が変質しているのです。このことから私は、組織不祥事を（単なる組織問題を超えた）社会問題として考え、『社会問題化する組織不祥事：構築主義と調査可能性の行方』（二〇二三年）という本を出版しました。こちらの本もよろしければご覧いただければ幸いです。以上が簡単な自己紹介です。

ここで組織不正について話を戻すと、組織不祥事が様々な現象を含む一方で、組織不正は違法性をもつものと考えられます。しかし、私が本書を通じて世に問いかけたいのは、組織不正が違法性をもつからと言って、必ずしも組織が全面的に悪いわけではないということなのです。

本書で取り上げる事例においても、このことを例証していきたいと思います。特にそれを物語っているのは、第五章の軍事転用不正です。この事例では、組織がいかなる状況においても「正しさ」をつらぬくことの大切さを知らしめたものとなりました。したがって、いかなる組織不正であっても、その当事者は何を「正しい」ものと考え、動こうとしているのか（していたのか）を自分の目と耳で判断してほしいのです。

さて、一般的に組織不正とは、個人による不正とは違い、組織ぐるみで行う不正のことを指しています。このような組織不正は、個人による不正よりも、より大きな社会的影響をもたらすものであるため、以前にも増して問題視されているのが現状です。

ところで、なぜこのような組織不正があとを絶たないのでしょうか。いくつかの理由が考えられますが、一つには組織が不正をすることによって多くの利益を生み出しやすいと考えられるためです。例えば、不正会計がそうです。本書で言えば、第三章の東芝の不正会計問題です。本来であれば、「短い時間」でそこまで多くの利益を生み出せないにもかかわらず、東芝は不適切な会計処理をすることで短時間に多くの利益を生み出そうとしました。利益の水増しは、多くの利益を生み出すためによく利用される方法です。

でも、組織不正が発覚したあとのことを考えると、多くの人々は「組織不正を避けるべきだ」と考えるのではないでしょうか。あるいは、「組織不正と疑われるようなことはやめよう」と思うのではないでしょうか。

というのは、組織不正がひとたび発覚すれば、企業の株価や評判などは下がりますし、時には多くの罰金を払う必要もあるからです。最悪の場合、企業は倒産してしまう場合もあります。より大きな企業であるほど、倒産した時の影響は計り知れないものですから、あとから取り返しがつかなくなってしまいます。こう考えると、組織不正を行わない方が得策にもかかわらず、それでも組織不正に手を染めてしまう企業が少なくないのです。

本書では、このように組織不正を行わない方が得策にもかかわらず、なぜ組織不正があとを絶たないのかを考えていきたいと思います。とりわけ、組織不正がある種の「正しさ」において生じたものとして考えることによって、組織不正が私たちにとって身近な現象であることを明らかにしていきたいと思っています。詳しくは、本書で事例も交えながら説明していきますので、各章を自由にご覧いただければと思います。

それでは、簡単に各章で取り上げたいことを説明しておきます。第一章では、「正しい」ことをした結果において組織不正が生まれてしまう現象をこれまでの研究に基づいて考えてみたいと思います。研究とは言いつつも、いずれも噛み砕いて説明していきたいと思いますので、身構える必要はまったくありません。

ところで、多くの人々は自分が「正しい」と思って仕事をするものです。当たり前のことかもしれません。しかし、その「正しい」という理解でなされた仕事であるがゆえに組織不正が生じてしまっているとすれば、それは悲劇的なことでもあります。

実際にこのような現象は私たちの身近なところでも「起こりうる」ため、これがなぜ「起こりうる」のか、どのように「起こりうる」のかを考えていきます。第一章では、このような問題に対して、本書全体の基礎となる考え方を説明していきたいと思います。

第二章では、燃費不正について取り上げます。燃費不正とは、二〇一六年にわが国において大きな問題となった自動車業界における不正を指しています。当時の報道では、自動車メーカーが間違った測定方法で燃費を測っていたことが「危うさ」として表現されていました。ただし、よく調べてみると、自動車メーカーが海外の燃費試験基準を用いるという意味での「正しさ」を垣間見ることができるのです。そのため、こうした燃費不正事例については、単に各社に違法性があるからという理由で批判してしまうのではなく、どのような「正しさ」において燃費不正が生じるに至ったのかを考えなければならないと思っています。第二章では、このようなことを三菱自動車工業（以下、三菱自動車）とスズキの燃費不正に焦点を当てて考えてみたいと思います。

第三章では、不正会計について取り上げます。不正会計とは、とりわけ二〇〇〇年代に入って国内外において目立つようになった不正な会計処理のことを指しています。海外ではエンロンやワールドコムによる事件が有名ですが、国内では二〇一五年に大きな問題となった東芝の不正会計があります。第三章では、この東芝の不正会計を扱います。

この問題は、不正会計が発覚した当時の経営陣が、事業部に対して「チャレンジ」と称した過度な利益目標を押しつけ、それに耐えかねた社員が利益の水増しを行ってしまったものと結論づけられています。ただし、本書ではこれらを経営陣だけに責任があるとは考えず（つまり人為的な問題に落とし込まず）、むしろ構造的な問題に原因があるという考えの下、不正会計を改めて問い直すことを目的としていきます。その構造的な問題とは何か。詳しくは第三章をご覧いただければと思います。

第四章では、品質不正について取り上げます。品質不正とは、何らかの理由で製品の品質が低下し、その結果、消費者や取引先に対して悪影響をもたらすことを指しています。とりわけ昨今問題視されているのは、製薬業界の品質不正です。

製薬業界では、政府や都道府県の方針を踏まえジェネリック医薬品の生産を拡大していきました。ところが、その結果、不正製造が相次ぎました。それらのジェネリック医薬品を服用した患者からは、体調悪化の副作用も報告され、大きな問題となったのです。

しかし、製薬企業も、わざわざ不正製造をして、多額の利益を得ようとしていたのではありません。むしろ、製薬企業は、愚直に政府や都道府県の方針に基づいて生産拡大をしていたのです。それでは、なぜ不正製造は生じてしまったのでしょうか。そこには単なる組織のガバナンスの問題を超えた、製薬業界を取り巻く構造的な問題があったのです。第四章では、このような製薬業界の品質不正について考えていきます。

第五章では、軍事転用不正について取り上げます。軍事転用とは、わが国から海外に輸出された製品が輸出先の国において戦争やテロなどの軍事に利用されてしまうことを指しています。わが国では、これを防ぐために「外国為替及び外国貿易法」(以下、外為法)が定められており、近年ではその取り締まりも強化され、いわゆる外為法違反の事例も確認されるようになりました。

しかし、この外為法は、言わば抜け穴の多い「ザル法」とも呼ばれています。つまり、捜査機関が何を外為法違反と見なすか次第で、逮捕・起訴されてしまうものなのです。本書では、これによって冤罪の被害を受けた大川原化工機事件を取り上げ、どのような捜査が大川原化工機を冤罪に追いやったのかを考えていきます。また、捜査を主導した警視庁公安部による「正しさ」によってどのように大川原化工機が被害を被ったのか、また大川原化工機はどのような「正しさ」を対抗させたのかについて考えてみたいと思います。

第六章では、本書のまとめを述べていきます。まとめと言っても、ここまでに述べた事例をただ単にまとめるのではありません。むしろ、ここでは新たな考え方として、個人が「正しさ」を追求することで起きる「社会的雪崩(social avalanche)」を考えたいと思います。

個人の「正しさ」は、それが「正しさ」として認識される限り、組織不正の原因とは考えられにくいと言えます。それは周囲の人々にも「正しさ」として認識されているためでもあります。そのため、個人の「正しさ」の追求は、かえって個人、組織、社会を次々に瓦解させていくこともあるのです。それはまるで、雪崩が起きる現象に近いです。

このように「正しさ」を追求することは、一見すると組織不正の発生とは対極にあると考えられるものの、本書ではむしろそれが一つの現象であると考えたいと思います。そして、その「正しさ」の追求による社会的雪崩を防ぐためには、「正しさ」を複数的＝流動的なものとすることが大事であると主張していきます。

例えば、取締役（会）や監査役（会）は、単一的＝固定的な「正しさ」によって組織不正の温床となりやすいと考えられています。そのため、そこに複数的＝流動的な「正しさ」を取り入れるべく、近年では女性役員の登用が注目されています。このような多様性をいかに確保していくのか、そして組織不正とどのように向き合うのかを考えてみたいと思います。

最後に、本書はこれまでの組織不正についての考え方を見直すことを通じて、組織不正という現象に対する新たな見方を提示したいと考えています。このような見方を取り入れることで、取締役や監査役を担う皆さん、その他にも企業や行政などで働く皆さんが組織不正に対してどう向き合っていくのかを、今一度考えてくだされば幸いです。

それ以外にも、本書は多少なりとも教育研究に関する要素も含んでいますので、教職員の皆さん、そして大学院生や学部生の皆さんにも是非ご覧いただければと思っています。

なお、本書は決して唯一の答えを与えようとするものではなく、むしろ皆さんと一緒に議論を行うための材料です。その点はご理解いただければと存じます。

組織不正はいつも正しい　ソーシャル・アバランチを防ぐには　目次

第四章 正しさがせめぎ合うこと——品質不正

第一章

組織不正の危うさと正しさ

「不正のトライアングル」は有効的なのか

なぜ組織不正はなくならないのでしょうか。

組織不正と聞くと、組織の中で誰かが間違った方法で自分の利益になることを思いつき、それが組織全体に広がるものと考えられるかもしれません。そのため、組織不正が発覚した場合には、「この不正を最初に考えたのは誰か」を探し出し、その人の責任を追及するといったことが少なくないように思います。

実際に、このような考え方の下で説明された組織不正というのがあります。二〇一八年のスルガ銀行不正融資事件です。

この事件は、スルガ銀行が投資用不動産の資金を必要としていたオーナーに対して組織的に不正融資を行っていたものです。なぜ不正融資が行われたのかについて、第三者委員会の調査報告書では、当時の営業部門が書類偽装するなどして審査部門に圧力をかけていたり、あるいは審査部門自体もその書類偽装を黙認していたなどと指摘がなされています。[*1]

つまり、この場合には、「この不正を最初に考えたのは誰か」として、当時営業部門で働いていた人や審査部門で働いていた人などの責任が問われたのです。

図1-1　不正のトライアングル

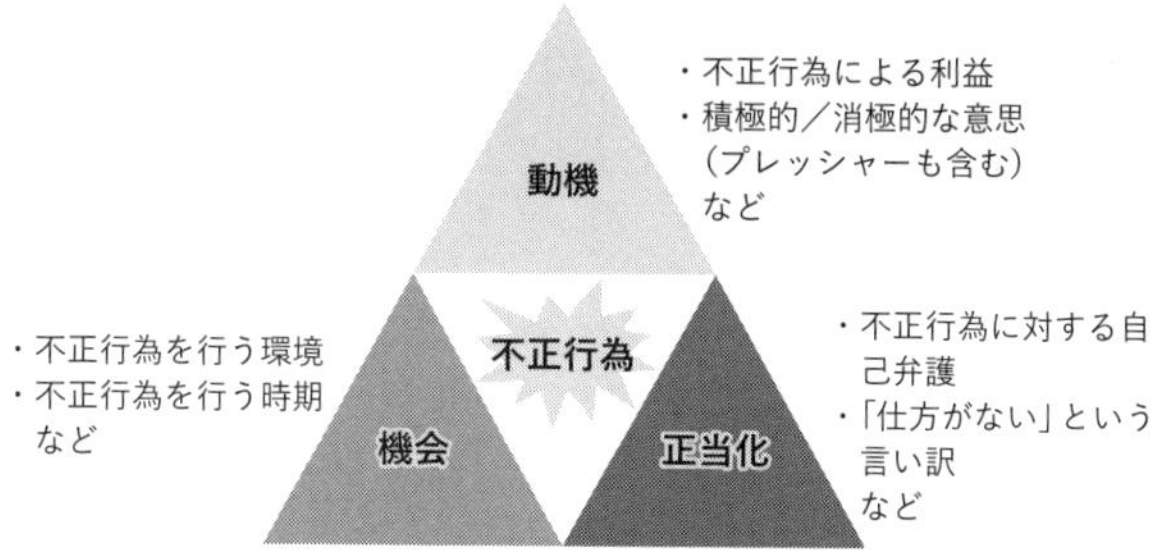

それでは、なぜ人は不正を行ってしまうのでしょうか。不正が行われる理由を明らかにしたモデルとして有名なのが、犯罪学者ドナルド・クレッシーが理論化し、その後公認会計士であったスティーブ・アルブレヒトが精緻化した「不正のトライアングル」です。

このモデルは、人間がなぜ不正に手を染めてしまうのかを「機会」「動機（プレッシャー）」「正当化」という三つの要素で説明したものです。

まず、「機会」では不正行為を行う者は、いつ、どのような状況で不正ができるのかという環境を知っているとされます。そして、そのような「機会」において、不正を行うための「動機」を持ち合わせることによって不正行為に至るとされています。ただし、この「動機」とは自分が不正をしようという積極的なものだけではなく、不正せざるを得ない状況に追い込まれた場合のプレッシャーも含んでいます。

したがって、不正をする者は、自分が仕事上の責任を果たせそうになかったり、あるいは他者には打ち明けられない問題を抱えている時などに、「動機（プレッシャー）」をもち、不正に手を染めるのだとされています。

そして、不正をしようとする者は、自らを「正当化」するとも言われています。「正当化」とは、これらの不正行為を行う際に、自分が行ったことに言い訳をすることであり、「このような不正行為を行ったことは仕方のないことだ」などと文字通り自分を「正当化」しようとするのです。

このように「不正のトライアングル」とは、これら三つの要素が結びつくことによって不正が行われることを示したモデルであり、その分かりやすさから一定の支持を得ているものと思います。

ただし、ここで考えたいのは、この三つの要素が仮に結びついたとしても、不正が起きるとは限らないという点です。たしかに、不正の「機会」を発見し、そこに不正を行おうとする「動機（プレッシャー）」があり、それを「正当化」しようとする人がいれば、不正の条件がそろうような気もします。

しかし、仮に三つの要素がそろったとしても、すべての人が不正を行うとは限らず、「こういう不正はやってはいけない」とか「間違った方法ではなく正しい方法で物事を進めたい」など、人間には正しい行為を行おうとする意思があるように思えます。

また、このような正しい行為は、それまでの教育においても培われたものでもあり、家庭や学校で他人の物を盗むのは良くないことや他人をだまして自分にだけ便益があるようにしてはいけない（他の人々にもきちんと便益があるように分配しなければならない）といったことを私たちは学んでいるのです。

組織不正は必ずしも意図的ではない

ここから考えられるのは、不正が本当に「動機」に基づいて行われるものかということです。「不正のトライアングル」でも述べられたように、不正に手を染めようとする人は「動機」をもつと考えられています。

組織不正の場合、これは「意図」として考えられており（同じものですが）、まず初めに不正をしようとする人が意図的に行おうとしたのだと説明されることが少なくありません。

ただし、最近分かってきたことは、不正に手を染めようとした人は必ずしも意図的とは言えないということです。つまり、意図的でないにもかかわらず、組織不正が生じているという奇妙なことが起こっているのです。どういうことなのでしょうか。

これまで組織不正は、明確な意図をもった人物が不正に関与し、それが組織全体へと伝達されることで発生すると考えられてきました。しかし、不正に手を染めようとした人は自ら積極的に関与しようとしたのではなく、結果的にそうなってしまった（あるいは、そう疑われてもおかしくない状況にあった）と考えられるのです。

これにはいくつかの理由が考えられます。ここでは、とりわけ日本企業が置かれている状況に注目しながら、理由を挙げてみたいと思います。一つ目に、内部統制制度の拡充です。内部統制とは、簡単に言えば、組織内部での不正が起きないように、人々を統制（コントロール）する仕組みのことです。

このような内部統制制度は、大企業を中心に積極的に拡充されており、日頃の業務活動がくまなく監視される状況にあると言えます。日頃の業務活動がくまなく監視される状況にあるというのは、私たちが日頃仕事をしている時には必ずと言っていいほど、誰かのチェックを受けなければならず、たった一人で不正を行おうと思っていても、その疑いを指摘されてしまうということを意味しています。

したがって、明確な意図をもって不正を行おうとしていても、結局誰かに指摘されてしまう、あるいは不正が起きる前に「これはおかしい」と書類の修正などを求められてしまうのです。ちなみに金融庁の資料では、内部統制とは次のように定義されています。[*2]

内部統制とは、基本的に、業務の有効性及び効率性、報告の信頼性、事業活動に関わる法令等の遵守並びに資産の保全の４つの目的が達成されているとの合理的な保証を得るために、業務に組み込まれ、組織内の全ての者によって遂行されるプロセスをいい、統制環境、リスクの評価と対応、統制活動、情報と伝達、モニタリング（監視活動）及びＩＴ（情報技術）への対応の６つの基本的要素から構成される。

やや難しい説明かと思いますが、基本的に内部統制とは、組織における仕事、お金、法律、資産の四つについて、きちんとした組織内部での手続きでもって統制（コントロール）する仕組みのことと言えます。

二つ目に、監査業務の推進です。とりわけ日本企業においては、取締役と監査役が分かれており、前者が仕事を前に進める役割であるのに対して、後者がそれを監視する役割をもちます。日本企業では、このように仕事を進める人たちとそれを監視する人たちが同じ組織にいることによって、健全な組織運営を行えるように整備されています。

この監査役は、取締役が行ってきたことについて、（一）仕事内容がきちんと行われているのかをチェックする業務監査と（二）その取引のために生じたお金の使われ方がきちんとなされているかをチェックする会計監査の大きく二つを行っています。

これらの監査業務は、通常数名の監査役によって行われるため、業務監査と会計監査のいずれも不正が行われていないかをくまなくチェックするものと言えます。

もし、明確な意図をもって不正を行おうとする人がいれば、とりわけ業務監査において監査役によって指摘を受けるはずです。業務監査では、取締役やその他の社員が不正を行おうとした場合にそれを報告し、改善させることがねらいとされているためです[*3]。

反対に、もしも監査役が明確な意図をもった人がいるにもかかわらず、その人を見逃してしまったとすれば、チェックする義務を怠ったものとして監査役も責任を追及されます。

したがって、監査業務は小さな不正を見逃すことなく、かつそれが大きな組織不正につながらないようにチェックする仕事であり、そうである限り意図的に行われる不正を未然に防ぐ役割をもつと言えます。

このように日本企業では、内部統制制度や監査業務などによってより健全な組織運営ができるよう体制が整えられてきました。

もちろん、このような状況においても少なからず不正を行おうとする人はいるかと思います。ですが、それを未然に防ぐための内部統制制度や監査業務によって細かなところまでチェックされているのが、現在の日本企業であると言えます。

あるいは、そもそも不正を行おうとする人が職場で皆さんの隣にいた場合には、少なからずその不正が発覚したことによる悪影響を受けやすいことから、そのまま見逃すといったことはないようにも思います（見逃してしまうと、そこで共犯関係が成立してしまう場合もあります）。

多くの人は無関心なまま不正をする

少しだけ研究の話をすると、組織不正についての最近の研究では、「多くの人は無関心なまま不正をする」と言われています。

それ以前の研究では、不正をしようとする人は大変注意深い人物で、不正をしようとする機会をうかがい、積極的に行うものと考えられていました。つまり、「不正のトライアングル」で考えられているような人物です。このような人物は、周囲にはなじまずに、孤立している場合も多いと考えられています。

このような風変わりな人物が不正を行うことから（あるいは、それが組織的に拡大して組織不正に至ると考えられたことから）、組織不正とはまれなものであり（めったに起こらないものであり）、常識とはかけ離れたものであると思われてきたのです。

しかし、私が研究において参考にしている社会学者のドナルド・パルマーは、このような見方では組織不正がここまでなくならない理由を説明できないとしています。そのため、パルマーは、これとは正反対の人物像を仮定し、むしろ不正には消極的な人物が不正を犯すことで、それが組織全体を含む組織不正へと拡大するのだと説明しています。

つまり、多くの人は不正に無関心なことが多く、不正をしようとも考えておらず、そのため積極的に不正をしようとする意思もない、というのです。このような人物は、不正をしようとする様子もないため、孤立しているどころか、むしろ周囲に溶け込んでいるものとされます。

表1-1　不正行為者の特徴

	それ以前の考え方	パルマーの考え方
人格	不正をすることに対して注意深い人物	不正をすることに対して無関心な人物
環境	周囲と交わることなく孤立している	周囲と積極的に交わって溶け込んでいる
性格	自分のためにずるをしようとする	自分のために（組織のために）成長しようとする
関与	不正をすることに対して積極的な意思をもっている	不正をすることに対して積極的な意思が欠如している

このような見方は、パルマーが二〇一二年に出版した本である *Normal Organizational Wrongdoing: A Critical Analysis of Theories of Misconduct in and by Organizations*（邦訳すれば、『常態化した組織不正：組織による／における逸脱行為論の批判的分析』）に書かれているものですが、この本は世界最大の経営学会でもある米国経営学会（Academy of Management）で最優秀書籍賞にノミネートされています。

表1－1を見て分かるように、パルマーが伝えたかったのは、私たちの身近なところにこそ不正を犯してしまう人がいるということであり、時には私たち自身もそうなりかねない、という警告になります。日頃、何気なく仕事をしていると、自分がまさか不正に関与しているなどとは誰も思いませんし、仮に「不正です」と言われたとしても「何かの間違いでしょう」と言いたくなる状況

に置かれることと思います。でも、不正とはそういうものである、とパルマーは言うのです。

組織的活動が組織不正を拡大させる

さらに、同じ組織で働く人の多くが不正に無関心であった場合、個人による不正とは異なり、その影響は大きくなっていきます。

なぜかと言えば、いつの時代でも一人で仕事をするよりも多くの人がともに仕事をすることの方が、より大きな目的を達成することができるからです。一人で仕事をする場合には、必ずと言っていいほど、何らかの制約があったり、限界があります。一人ではできないこともたくさんあります。

しかし、より多くの人がお互いに助け合うことによって、それらの制約や限界は克服されるため、大きな目的を達成することができるのです。大きな目的を達成するということは、それだけ大きな仕事ができることを意味しています。

つまり、私たちが日頃何気なく仕事をしており、かつ、より大きな目的を達成しようとするという意味での組織的活動が、結果的に組織不正の影響を大きなものにするということが十分にありうるということなのです。

不正をしようとしていないからこそ、私たちは個人としても、組織としても成長しようと純粋に仕事を行っています。成長しようとすることがかえって知らず知らずのうちに組織がもたらす影響力を高めるものとなっているとすれば、それは悲劇的なことなのかもしれません。ただ、実際に起きている組織不正には、こういった事例も少なからずあり、だからこそ組織不正がより大きなものになっていると言わざるを得ないのです。

一例としては、二〇一九年に起きた大和ハウス工業による施工管理技士不正取得事件があります。施工管理技士とは、簡単に言えば建設工事を行う際に管理や監督を行う人物です。大和ハウス工業では、当時、この資格を積極的に取得するように促されていました。ここで施工管理技士という資格を取ることそれ自体は、個人としても組織としても成長につながるものであり、それはむしろ目指されて当然のものでした。

ただし、大和ハウス工業では、この資格を取得するのに本来必要であった実務経験が足りない人物が資格を取得していたとして、結果として営業停止処分が下されました。かつ、このように実務経験が足りない人物による資格取得は約三五〇名にものぼると言われており、単なる個人の不正とは違い、組織的な不正に該当するものだったのです。

ここまでの話でお気づきかもしれませんが、「不正のトライアングル」やこれまでの研究は、組織不正にはあらかじめ原因があり、それを取り除けば組織不正がなくなるといった楽観的な見方に立つものと言えます。原因があることそれ自体は楽観視できないものですが、原因があると考えて組織不正を未然に防止することができるという考え方は楽観的なものと言えるでしょう。

しかし、現実はそれほど単純ではありません。これまでにも述べているように、多くの人が不正に手を染めたいとは考えていないにもかかわらず、不正が行われてしまうのです。さらに、多くの人が不正に無関心であるがゆえに組織不正の影響が計り知れないものとなってしまう傾向にあるのです。これは言わば、多くの人が無関心であるにもかかわらず、組織不正が起きてしまうという悲観的な見方になります。このような悲観的な見方をあえてすることによって組織不正とは何かを根本から考え直すための新しい視点を私たちは手に入れることができるのです。

組織不正は〈第三者〉が判断する

そもそも組織不正というのは、〈第三者〉が判断するものです。組織で働く人たちは日頃熱心に仕事に取り組んでおり、ふとしたきっかけでそれらの取り組みが組織不正であると判断されるのです。

この〈第三者〉というのは、最近であればＳＮＳでその組織の取り組みを「組織不正ではないか」と発信する人のことも含みますし、それらを大々的に取り上げるマスメディアも含みます。少しだけ広い概念です。

あるいは、もともとは組織で働いていたけれど（今でも働いているけれど）、その取り組みに納得することができずに内部告発といったかたちで問題にしようとする人のことも含んでいます。最終的には、その組織に何らかの疑いがあれば調査委員会が立ち上がり、最終的な判断を下します。それらも、多くが外部の専門家からなる委員会ですので「第三者委員会」などと呼ばれたりもします。

このように、〈第三者〉とは「その組織の内外から、その組織の取り組みを問題視し、組織不正であると考える人たち」のことを指しています。この〈第三者〉とは、たった一人の個人から大きな組織に至るまで幅広いものであると言えます。

ここで考えたいのは、組織不正の定義（何が組織不正であるのか）にとって、この〈第三者〉による判断がとても大きいということです。というのは、組織で働く人たちが自ら「私たちは組織不正を行っています」と宣言することはまれですし、それ以上に日頃熱心に取り組んできたことがまさか組織不正であったとは到底考えないだろうからです。

このような場合に〈第三者〉は、それらの取り組みが組織不正に該当することを、根拠をもって訴えかけ、時には自ら調査するなどして、組織不正であるという判断が正しいものであるということを証明しようとするのです。

この時にさらに重要となるのが、このような判断が下ったあとにこそ何が原因になっていたのか明らかになるという「逆さまになった時間」の流れです。

これまでにも見てきたように、「不正のトライアングル」やこれまでの研究ではあらかじめ原因があると考えられていました。つまり、何らかの原因があって組織不正が起きるという時間の流れです（原因から結果への流れ）。

しかし、組織不正が〈第三者〉によって判断されるものである以上、その判断を待たなければ何が原因であるのかは特定できません。特定できないとは言い過ぎかもしれませんが、かなり難しいというのが現状です。この場合、組織不正が起きたあとにこそ原因が分かるため、その時間の流れは逆さまになっていると言えます（結果から原因への流れ）。

そして、このような原因とは客観的なものでは決してなく、見方によっては不正ではないものも含んでいます。というのは、組織不正に関する報道でもそうですが、〈第三者〉の立場から「不正行為」と呼ばれるものが多い一方で、その組織からは「不適切行為」と呼ばれるものが少なくありません。

いずれも同じ行為を指したとしても、どの視点でそれらの行為を考えるのかによって呼ばれ方も異なりますし、呼ばれ方が異なることによって「本当にそれらは不正であったのか」という事実も揺れ動くことになります。

例えば、二〇一八年に神戸製鋼所による品質不正が問題となりました。同社は不正競争防止法違反（虚偽表示）に問われたことから、報道などで「不正行為」として取り上げられることがありました。その一方で、同社が発表している報告書では「不適切行為」と記されており、株主、従業員、地域住民、取引先などのステークホルダーに対して改善を行うことが同社HPに記されています。「不正行為」ではなく、「不適切行為」と記すことによって「今後、組織体制や作業手順などを適切化していくことが可能である」という可能性を対外的に示していたのです。

以上より、原因とは組織不正が〈第三者〉によって判断された時に初めて分かるものであり、かつそれらの原因とは「不正行為」と「不適切行為」のように揺れがあるものと言えるかと思います。

もう少しだけ、この〈第三者〉の判断について考えてみると、このような〈第三者〉は「不正行為」であることを証明するために法的根拠をもってそれらを訴えかけるように思います。ここでの法的根拠とは、地方自治体による条例や国会が制定する法律などのことです。それらの法的根拠に基づくことによって「不正行為」が望ましいものとは言えないということを多くの人に納得してもらえると〈第三者〉は考えます。このように〈第三者〉は、自らがよって立つ法的根拠に基づいて「不正行為」が望ましくはないということをある種の「正しさ」でもって訴えかけるのです。

しかし、それを訴えかけられた組織にとっては寝耳に水である場合も少なくありません。したがって、組織としても「正しさ」を証明するために、このような法的根拠でもって「不正行為」ではなく「不適切行為」であるということをきちんと説明していくわけです。

かつ、「不正行為」として訴えかけられる場合には違法性をもつものとして〈第三者〉に判断されることも少なくないため、組織としては「これは違法性があるものではなく、別の法令に則した場合には合法的である」として「不適切行為」と表明するように思います。

このように見ていくと、〈第三者〉は「正しさ」の下で「不正行為」を訴えかけていますし、組織としても「正しさ」の下で「不適切行為」であると表明しているように見えます。

したがって、この場合にはどちらか一方が正しく、もう一方が間違っているのではなく、「正しさ」がせめぎ合うものとしても考えることができるように思います。

発生型不正と立件型不正

組織不正が〈第三者〉の判断によるということは、場合によっては組織の「正しさ」が認められないことも起こりうるということを意味しています。

組織が法的根拠をもって活動し、それがおおやけに認められるような場合であっても〈第三者〉が別の「正しさ」で対抗しようとした場合に、それが組織不正として考えられてしまうケースもありうるかと思います。このような事態を考えるために、ここでは郷原信郎先生の近著である『〝歪んだ法〟に壊される日本：事件・事故の裏側にある「闇」』（二〇二三年）

を取り上げたいと思います。

郷原先生は、わが国における刑事事件は、大きく二つに分類できるとしています。一つは、実際に被害が「発生」している事件で、このような事件は明確に被害を確認することができるため、捜査もしやすく、犯人も見つけやすいと考えられています。このような被害が「発生」する事件は「発生型事件」と呼べるものです。

もう一つは、実際に被害がなくとも、警察や検察などの捜査機関が刑事事件として「立件」することをあらかじめ決めてから捜査に着手するもので、このような刑事事件は「立件型事件」と呼べるものです。

郷原先生は、後者の「立件型事件」にこそ大きな課題があると述べられています。どういうことかと言えば、捜査機関が起訴や有罪判決にこだわってしまうこと、そしてそのこだわりにおいて捜査が行われてしまうため、冤罪も生まれやすいのです。捜査機関にとっても引くに引けない状況が生まれやすく、犯人が見つからないにもかかわらず、半ば強引に犯人を作り出してしまう傾向すらあるのです。

つまり、事件として立てるという考えを捜査機関があらかじめもっているわけですから、「立件」ありきで捜査が行われ、半ば強引にも犯人を作り出してしまう傾向があるというのです。これが冤罪につながりやすいのです。

郷原先生が述べられているのは、あくまで刑事事件ですが、これは組織不正にも十分に当てはまることと言えます。捜査機関が「立件」することを決めてかかってしまえば、組織にとってはやはり寝耳に水であり、組織として「正しい」と考えていても（さらには組織だけではなく多くの人が「正しい」と考えていたとしても）組織不正として認めさせられてしまうからです。

つまり、組織不正もまた「発生型不正」ではなく「立件型不正」がありうると考えられます。実際に企業組織や大学組織、あるいは行政組織など幅広い組織が「立件型不正」に巻き込まれるケースがありうるのです。

企業組織であれば、第五章で取り上げる大川原化工機事件は、このような「立件型不正」の問題を浮き彫りにしました。このような事件は、とても怖いことではありますが、どのような組織においても「起こりうる」と考えることによって、万が一「立件型不正」の対象になったとしても十全な対応ができると考えられるでしょう。

組織は合理的失敗を犯す

ここまでは、組織として「正しい」と考えていても、〈第三者〉によって組織不正として認めさせられてしまうことがあるという点について考えてきました。

同時に、組織として「正しさ」を追い求めることが組織的な失敗につながってしまうこともありうるのです。

例えば、組織がそれぞれの法令に適した方法で生産をしなければならないにもかかわらず、「これまでうちの会社では伝統的にこのやり方だったから」とかたくなに生産方法を変えようとしなければ、法令に適合しない製品が次々と生まれてしまいます。最悪の場合には、製品事故につながりかねないでしょう。製品事故がひとたび生じてしまえば、取り返しのつかないことになり、それは組織的な失敗と言わざるを得ません。

組織論では、菊澤研宗先生が「組織は合理的に失敗する」と説明されています。ここで少し、この考え方を紹介しておきたいと思います。

一般的に、組織は合理的に活動することによって物事を前に進めるのですが、合理的に失敗してしまうのです。なぜでしょうか。菊澤先生によれば、この合理的失敗は次の二つが原因となっているとされています。それらは、次のようなものです。

一．たとえ現状が非効率的であっても、より効率的な状態へと変化・変革する場合、コストが発生し、そのコストがあまりにも大きい場合、あえて非効率的な現状を維持する方が合理的となるという不条理〈非効率性の合理性〉

二．たとえ現状が不正であっても、正しい状態へと変化・変革する場合、コストが発生し、そのコストがあまりにも大きい場合、あえて不正な現状を維持隠ぺいする方が合理的となる不条理〈不正の合理性〉

一については、組織が非効率的な現状からより効率的な方向へと物事を進めようとしている時、そのコストがかなり大きくなってしまうと、非効率的な現状を選んでしまうということを意味しています。つまり、効率化することのメリットよりも、物事を変えるためのコストが大きくなると非効率なままの状態を選びやすいということです。

二については、組織が不正な現状からより正しい現状へと物事を進めようとしている時においても、そのコストがかなり大きくなってしまうと不正の現状を維持してしまったり、隠ぺいしてしまったりすることを意味しています。

この二つに共通しているのは、個人がなるべくコストがかからない方法を選んでしまうという傾向です。コストがかからずに、より高いベネフィットを得る方が合理的だからです。これは損得勘定とも呼べます。このような損得勘定が働くことは、組織内の人々を説得しやすく、個人ではなく組織的に合理的な決定が下されやすいと言えます。その結果、本来は損得勘定だけで考えてはいけない物事をこれに当てはめて考えてしまうことにもつながり、結果的に組織不正が行われうるのです。

これは組織であれば、部門間の意見の食い違いとしても考えることができます。もし、生産部門が現在使っている機械が古いもので、非効率的な生産しかできないと判断した場合に、新しい機械を導入したいと考えます。

ただし、新しい機械は多くの場合大変高価なものになります。そこで、経理部門に相談したところ、「新しい機械を導入したとしても、損益分岐点（損益がゼロのポイント）が上回るタイミングは向こう一〇年訪れない」と言われてしまえば、機械は古いままであり、生産部門は困ってしまうのです。

このような状況においても生産部門は、「より良い製品を生み出してほしい」と経営者や管理者から伝えられますから、本来古い機械ではできないはずの製品を作ろうと、必要なデータを変えるなどして古い機械のまま（データが書きかえられた）製品を作ることで、それをより良い製品に見せたりすることなどが行われてしまうのです。

さらに、ひとたびこのような製品不正（品質不正）が行われてしまうと、新しい機械の導入が控えられるたびに製品不正（品質不正）が維持されてしまうようになり、一と二の原因の両方を満たしながら、組織は合理的失敗を犯してしまうのです。

組織における「正しさ」から考えれば、生産部門が新しい機械を導入したいと考えるのは「正しい」判断と言えますし、経理部門が損益分岐点を理由に導入を控えるようにすることも「正しい」判断です。また、経営者や管理者が「より良い製品を生み出してほしい」と伝えるのも「正しい」判断になります。

しかし、このような組織における「正しい」判断が行われた結果において製品不正（品質不正）が起きてしまうことは、決して生産部門だけのせいではなく、なぜこのような「正しさ」が製品不正（品質不正）につながったのかを組織として構造的に考えなければならないと言えます。生産部門だけが「危うさ」を抱えていたと考えるのであれば、それは根本的な解決にはなりにくいからです。

つまり、組織的に「正しさ」を追求すること、そしてそれが組織内において合理的であると考えられている場合には、組織は盲目的になりやすく組織不正が生じやすいと言えるのです。そして、それは「危うさ」の姿ではなく、誰が見ても「正しさ」の姿をしている場合も多々ありうるのです。

「起こりうる」と考える効用

ここまで見てきたように、私たちが何気なく行っている仕事が結果的に組織不正につながるのだとすれば、組織不正とはつねにどんな組織においても「起こりうる」と言えます。「不正のトライアングル」やこれまでの研究においては、不正に手を染める人はまれであるという前提に立つため、組織不正はめったに「起こりえない」と考えられてきました。

しかし、私たちが何気なく行っている仕事がもとになっているのだとすれば、組織不正はどのような組織にとっても「起こりうる」と考えられるのです。これも一つの悲観論ですが、この悲観論に立つことで新たな対策を考えることもできます。

もともと、このように組織にふりかかる危機的状況を「起こりうる」ものと考え、その対策を考えてきた研究に「ノーマル・アクシデント理論」と呼ばれるものがあります。ノーマル・アクシデントとは、英語で normal accident と書きますが、「アクシデントを起こりうる（normal）ものとして考えること」を意味しています。

アクシデントを起こりうるものと考えるため、この考え方もとても悲観的であると言われてきました。しかし、悲観的であるからこそ、新たな対策を考えられるのです。

そして、それは人間にとって死（＝終わり）に向き合うことに似ているのです。死（＝終わり）を避けることができないからこそ、人間は生前にその準備を行うことができます。すなわち〈終活〉です。これもまた、死（＝終わり）が「起こりうる」と考える悲観論の効用であると考えられます。

では、アクシデント（＝終わり）が「起こりうる」と考えることには、どのような新しさがあるのでしょうか。いろいろと考えられますが、大きくはあらかじめ予防策を講じることよりも、起きたあとのことを考えて何が必要になるのか、どんなことをしなければならないのかを前もって考えられるということです。つまり、アクシデント（＝終わり）を先取りすることによって、その到来を予期することが可能となります。

ひとたび組織不正が発生すれば、社内調査や第三者調査などが実施されますから、その調査をどのように進めていくのかについても前もって考えておくことが可能となります。あるいは、記者会見を誰が、いつ、どのタイミングで行っていくのかなども前もって考えておくことができるかと思います。

この記者会見については、トップである経営者がどのように組織不正について対応するのかを問いただされることがあると言えます。この点で言えば、大規模な通信障害が生じたKDDIの髙橋誠社長が率先して経緯を説明したことについて称賛の声もあったように、トップである経営者が「もし、組織不正（や組織不祥事）のような出来事が起きてしまったら、どう行動するか」を日頃から考えて、それに備えておくことが重要であると言えるでしょう。したがって、記者会見一つを取ってみても、アクシデント（＝終わり）を先取りしながら、その到来を予期する効用は必ずあると言えるのです。

このことをもう少し深く考えてみますと、あえて悲観的な見方をすることがかえってアクシデント（＝終わり）が起きた時の私たちを守ってくれるのだとすれば、それは「悲観的な見方をつらぬくことが結果的な楽観論を私たちにもたらす」こととなるのです。

つまり、アクシデント（＝終わり）が「起こりうる」と悲観的に考えることによって、前もって事後的な対応をどのように行っていくのかを楽観的に考えることができるということなのです。

ただし、これは単に楽観的に予防策を考えることとは違います。それでは「起こりうる」ことをもとに考えられていないためです。心の底からアクシデント（＝終わり）が避けられないものであることを踏まえた上で、その際に何が自分にはできて、何ができないのかを考えることが本来的＝到来的な予防策であると考えなければならないのです。

「起こりうる」組織不正に備えて

このように本書では、組織不正（＝終わり）を「起こりうる」ものと考えた上で、その到来を予期するためにも、過去の事例を取り上げながら、今後どのように本来的な予防策を取るべきなのかを考えてみたいと思います。組織不正は必ずどのような組織にとっても「起こりうる」ものです。それは避けるべきものではなく、むしろ受け入れなければならないものと言えます。しかし、そのような前提に立つ時に、私たちにとっては、一体何が必要となるのかを見定めることが重要であると言えます。

本書では、主に企業組織を取り上げていきますが、これは決して企業組織のみならず大学組織や行政組織などあらゆる組織に共通した問題でもあると思います。

どのような組織であっても、組織がもつ「正しさ」があるかと思います。それは組織にいる人が主張する個人的な「正しさ」もあれば、組織として大事だと考えることの「正しさ」もあります。ただし、このような「正しさ」が時として「危うさ」に転化してしまうこともまた考えなければならないことです。本書では、このような組織の「正しさ」と「危うさ」の関係に着目しながら、過去の事例を取り上げることで、それぞれの組織が本来的＝到来的な予防策を取るための手立てについて考えていきたいと思います。

＊1　スルガ銀行株式会社　第三者委員会「調査報告書（公表版）」（二〇一八年九月七日）。
＊2　金融庁「財務報告に係る内部統制の評価及び監査の基準」二〇二三年、二頁。
＊3　公益社団法人日本監査役協会「新任監査役ガイド（第7版）」二〇二三年三月一四日）。

第二章

危うさの中の正しさ——燃費不正

燃費不正のあらまし

さて、本章からは具体的な事例を取り上げていきたいと思います。とりわけ本章から第五章においては、それぞれの事例がどのような点において「正しさ」を追求してきたものであったのか、またそれによってどのように組織不正が生じていたのかを考えていきたいと思います。

特に本章で扱う燃費不正においては、報道などに見られたように、それぞれの自動車メーカーが間違った測定方法を用いてしまうという意味での「危うさ」があったとされます。

その一方で、自動車メーカー自体にも各社なりに「正しさ」を保とうとする姿勢がありました。このような「正しさ」は、自動車メーカーへの批判が浴びせられた結果、ほとんど注目されることなく時間だけが過ぎていったように思います。

ですが、このような自動車メーカーの「正しさ」についてより詳しく調べてみると、それなりの理由もあったのです。

この「正しさ」に目を向けることで、この燃費不正の見方がかなり変わってくるということを示すのが本章の目的でもあります。

見方が変わるということは、そもそも私たちが問題だと思っていたことが実は問題ではなく、むしろ別のところに問題があったのではないかという気づきを与えてくれるものです。

本章で扱う三菱自動車とスズキでは、それぞれがともに違法性をもつ燃費不正ではあったものの（厳密に言えば「告示違反」であるため違法性も少ないのですが）、両社ともに海外の優れた燃費試験基準を参照しながら、それぞれ「正しい」燃費を測定しようとしていた事例と言えます。

このような姿勢は、単に違法性があるからと言ってないがしろにされるべきではなく、むしろこのような測定がなぜ認められないものであったのかを改めて考えることによって、燃費不正に限らない知見を提供してくれます。

つまり、燃費不正とは言っても、決して自動車メーカーに関係する人々だけではなく、あらゆる組織に属する人々にとっても重要な問題なのです。

そのため、本章では特に三菱自動車とスズキの燃費不正を取り上げながら、これらをどのように私たちが考えるべきかを少し説明してみたいと思います。この点において、本章で述べることは、単に自動車メーカー（あるいはメーカー業界）に所属する人々以外にも「考える材料」を提供すると言えるでしょう。

そもそも、燃費不正とはどのような問題であったのでしょうか。

燃費不正とは、とりわけ二〇一六年以降に問題となった、燃費に関する検査段階での不正を総称するものと言えます。

この期間で発覚した燃費不正には、表2－1のように国内の自動車メーカーが関わっていました。各社が、わが国における多くの自動車生産を担っていただけに、非常に大きな問題として取り上げられたことを皆さんもご存知かと思います。

特に三菱自動車やスズキの場合には、国が定める測定方法を使用していなかったことによる燃費不正でした。これについては後ほど詳しく扱います。

それ以降の燃費不正は、自動車が完成する段階での燃費不正でした。この段階では、燃費や排出ガスの抜取検査を行うのですが、その検査において不正な測定が行われていたり、除外すべきトレースエラーをそのまま使用していたなどの燃費不正でした。

トレースエラーとは、あらかじめ定められた走行モードに自動車の速度が合わせられなかった場合、本来無効としなければならないことを意味します。ですが、マツダやヤマハ発動機では、その試験結果をそのまま使用していたこと（トレースエラーを無効にしていなかった

表2-1　燃費不正事例の概要

発生年月	企業名	概要
2016年4月	三菱自動車	軽自動車4車種を対象とした不正な測定の実施
2016年5月	スズキ	自動車26車種を対象とした不正な測定の実施
2017年10月	SUBARU	燃費・排出ガス検査における不正な測定の実施
2018年7月	日産自動車	燃費・排出ガス検査における測定値の改ざん
2018年8月	マツダ	燃費・排出ガス検査におけるトレースエラーの未除外
2018年8月	ヤマハ発動機	燃費・排出ガス検査におけるトレースエラーの未除外

こと）が明らかになっています。

もともと、このような自動車メーカーによる不正の発端となったのは、海外の自動車メーカーによるものでした。皆さんもご存知かと思いますが、フォルクスワーゲンの排ガス不正です。[*1]

この排ガス不正は、米国環境保護庁（EPA）とカリフォルニア大気資源委員会（CARB）がフォルクスワーゲンのディーゼルエンジン搭載車に対して大気浄化法違反の疑いがあることを指摘したものになります。

フォルクスワーゲンは、これらのディーゼルエンジン搭載車に排ガス試験を受けていることを自動的に感知させるソフトウェアを取り付けていました。つまり、排ガス試験の時にだけ窒素酸化物（NOx）が減らせるような装置を作動させ、有害な窒素酸化物（NOx）が基準値よりも低く出るようにしていたのです。

ただし、路上を走る場合には、この装置が作動しないようになっていました。その結果、米国が定める上限値の最大四〇倍もの窒素酸化物（NOx）が排出されていたのです。

このようにフォルクスワーゲンは、排ガス試験を不正に通過するための装置を利用することで、ディーゼルエンジン搭載車が安全であるように見せかけていたのです。

三菱自動車の燃費不正問題

このような排ガス不正の問題が海外においてクローズアップされたことで、わが国においても同じような事案がないかが確認されるようになりました。まず国内において問題となったのが、三菱自動車の燃費不正です。

ここでは、特別調査委員会による報告書や私がこれまでに書いた論文も参考にしながら[*2]、少し経緯を押さえておきたいと思います。

三菱自動車は、もともと日産自動車（以下、日産）との合弁事業としてNMKVという株

図2-1　NMKVの設立と業務委託

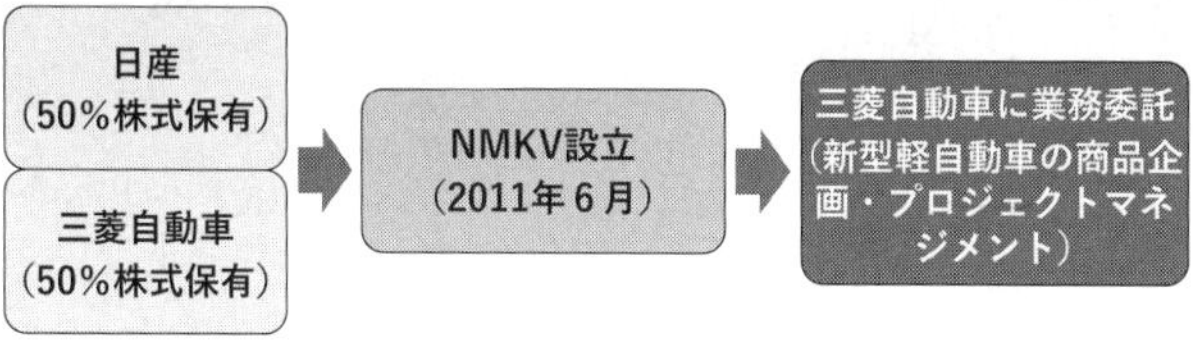

式会社を二〇一一年六月に設立していました。NMKVは、三菱自動車と日産が共同出資することによって、新型軽自動車の商品企画やプロジェクトマネジメント（進捗管理）を行うことが目的でした。[*3]

ただし、あくまでNMKVは商品企画とプロジェクトマネジメントだけを行うため、実際に新型軽自動車の開発を行っていたのは三菱自動車でした。三菱自動車では、NMKVから業務委託を受けるかたちで、新型軽自動車を開発・製造していたのです。

それでは、どのような新型軽自動車が開発されたのでしょうか。

それらは、eKシリーズという車種になります。このeKシリーズは、三菱自動車によれば「excellent K-car」（優れた軽自動車）と「いい軽」を造るという意味がかけ合わされており、利用者にとってより乗り心地を良くし、価格も求めやすい軽自動車という意味がありました。

このシリーズは、いくつかの車種があり、それらは14年型eKワゴン、14年型eKスペース、15年型eKワゴン、15年型eKスペース、16年型eKワゴンなどがあります。このように、これまでに数多くのeK車種が生まれているのです。

このようにeKシリーズは、利用者にとって乗り心地が良く、同時に価格も求めやすいことから、人気車種になっていきました。


ところが、二〇一五年秋に問題が発覚したのです。

日産が燃費を計測したところ、三菱自動車が実際に測定していた実測値と国土交通省へ届け出ている届出値が大きくかけ離れていたことが判明したのです。

本来であれば、実測値と届出値は同じものでなければなりません。しかし、三菱自動車では実測値と届出値が違うということを、パートナーでもあった日産に指摘されたのです。

そこで三菱自動車においても社内調査を行ったところ、二〇一六年四月の段階でeKワゴン、eKスペースと日産に供給しているデイズ、デイズルークスという四車種において、型式指定審査を申請した際に燃費試験データを不正に操作していた事実が分かったのです。三

表2-2　三菱自動車による燃費不正の経緯

発生年月	出来事
2011年6月	NMKV設立
2011～2015年	eKシリーズ車種の開発・製造（三菱自動車）
2015年秋頃	日産による燃費不正の認知
2016年4月	三菱自動車の社内調査にて4車種の試験データ不正を認知
2016年6月	追加調査において過去10年間に製造・販売した自動車も対象と判明

菱自動車は、このことを型式指定審査をしている国土交通省へ報告しました。

型式指定審査とは、簡単に言えば、自動車を製造・販売する際に国土交通大臣へ申請や届出を行って、保安基準などに適合しているかについての審査を受けることを指しています。

つまり、実測値と届出値が違ったのは、型式指定審査を申請する際に燃費試験データを不正に操作してしまったがゆえに、届出値の方が変わってしまったものであったのです。

そして、二〇一六年六月には、三菱自動車が過去一〇年間に製造・販売していた自動車においても燃費試験の不正が行われていたことが分かりました。

結果的に、すでに販売されていた軽自動車の台数は六二万五〇〇〇台に及ぶとされ、世間の耳目を集めることとなったのです。ここまでの経緯を示すと、表２－２のようになります。

このような燃費不正が行われていたのは、三菱自動車にあった性能実験部と呼ばれる部門でした。調査報告書において、性能実験部は、「動力性能、排出ガス性能、燃費性能、ドライバビリティ等の自動車走行機能を最適化する、『適合』と呼ばれる業務を担当している」[*4]とされています。やや難しい説明ですが、簡単に言えば、自動車を走らせるために必要な性能がきちんと備わっているかを確認するための部署と言えるかと思います。

この性能実験部では、燃費測定について本来定められている測定方法とは異なる方法を用いていたとされています。本来定められていたのは、惰行法と呼ばれるものです。この惰行法とは、国土交通省が一九九一年に定めていた測定方法のことです。

もともと、自動車の燃費を測定するためには、自動車にどれくらいの抵抗がかかるのかを知っていなければなりません。それらの抵抗は、「走行抵抗」と呼ばれ、自動車が走る時に空気が当たることの「空気抵抗」やタイヤが地面をころがる時にかかる「転がり抵抗」など、様々な抵抗をまとめて走行抵抗と呼びます。

国土交通省が定めていた惰行法では、この走行抵抗をまず実際に試験路で測っておいて、その走行抵抗値を試験室内に設置されたシャシダイナモメータと呼ばれる燃費測定装置に使用するものとなっていました。

惰行法とは、その名の通り、ゆっくりと自動車を走らせる測定方法を指しています。ゆっくりと走らせると言えば誤解があるかもしれませんが、アクセルでも、ブレーキでもなく、それまでの勢いで自動車が走っている状態（惰行している状態）のことです。

この惰行法では、試験自動車によって実際に試験路を走って得られた走行抵抗をもとに目標走行抵抗の値を算出するようになっています。

その走り方は、毎時二〇キロメートル、三〇キロメートル……九〇キロメートルというふうに一〇キロメートル単位での速度を基準とし、試験自動車を指定速度＋五キロメートルを超える速度から、ギアをニュートラルにした状態で指定速度が＋五キロメートルから－五キロメートルまで惰行させるようになっています。

つまり、一定の速度で走ったあとにどのくらい、そのままの勢いで自動車が走っているのかをもとに惰行する時間を算出するというものです。これを最低各三回ずつ繰り返して、平均惰行時間を求めます。

走行抵抗は、（詳しい数式は省略しますが）平均惰行時間と試験自動車の重量をもとに計算され、さらにシャシダイナモメータに設定する目標走行抵抗は必要な係数をかけるなどして求められています。簡単な説明にはなりますが、ここまでが惰行法の概要説明になります。

それに対して、性能実験部が用いていた測定方法とは「高速惰行法」と呼ばれるものでした。三菱自動車では、一九七八年から高速惰行法を使用していたと言われており、これは試験自動車を毎時一五〇キロメートル（もしくはその自動車の最高速度の九〇％）とかなりの高速域まで上げてから五秒間保持したあとに惰行を始めるという方法になります。

高速と言うくらいですから、高速域の走行抵抗を計算するのに適していたものの、惰行法のように低速域の走行抵抗を求めるのには適していなかったとも言われています。三菱自動車では、このような独自の測定方法が使用されていたのです。

つまり、三菱自動車の燃費不正とは、本来定められている惰行法を使用することなく、高速惰行法に基づいた測定方法を使用していたというものであったのです。

スズキの燃費不正問題

それでは、スズキの燃費不正はどのようなものだったのでしょうか。

スズキの燃費不正が問題となったのも、三菱自動車と同じ時期で二〇一六年五月のことでした。発覚の経緯としては、三菱自動車の燃費不正を受け、国土交通省が各自動車メーカーに同じ不正がないかどうかを報告するよう求めていたところ、スズキでも測定方法に不備があったことが判明したものになります。

この報告が、五月一八日付けで行われていることから、スズキは迅速に社内調査を行ったことがうかがえます。同日午後には、鈴木修会長による記者会見も行われています。

スズキの燃費不正もまた、惰行法ではない測定方法によって燃費を測定していたものになります。五月三一日付けで国土交通省に提出された調査報告書では、[*5] スズキは実際に惰行法を使用するのではなく、「装置毎等の積上げ」と呼ばれる方法で走行抵抗を計算していました。

この「装置毎等の積上げ」というのは、簡単に言えば、タイヤ、ブレーキ、ホイールベアリング、サスペンションなどの部品ごとに抵抗値を求めて、それらを合計することで自動車全体の走行抵抗を求めるという方式になります。

惰行法が実際に自動車を走らせることによる自動車「全体」の走行抵抗を求めようとするのに対して、この方法は自動車の部品それぞれの「部分」の走行抵抗を合算する点に違いがあります。

図2-2　スズキの関係部門組織図

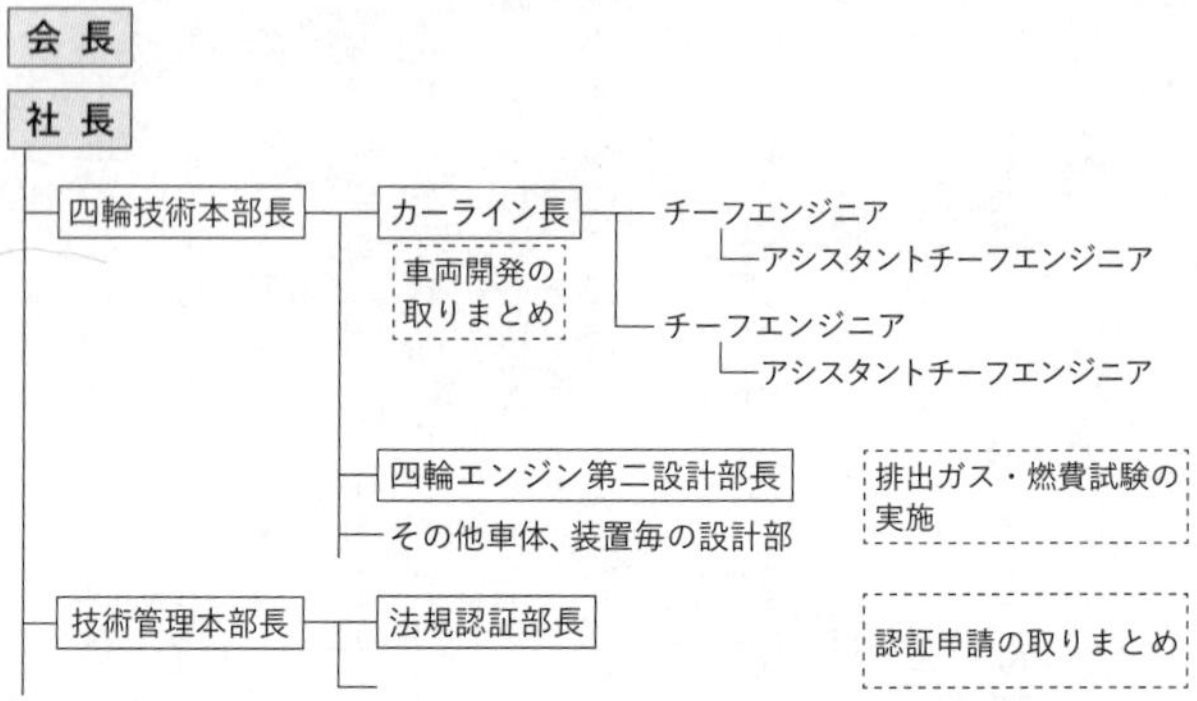

出所）スズキ株式会社「『排出ガス・燃費試験に係る不適切な事案に係る調査指示』に対する国土交通省への報告内容について」より筆者作成。

この燃費不正における対象となったのは、スズキのアルト、アルト ラパン、ワゴンRなど人気車種を含む計二六車種（OEM車種を含む）であり、結果的にすでに販売されていた台数は二一四万台に及ぶとされ、スズキの場合もまた世間の耳目を集めることとなりました。

このような方法を実際に担当していた部門は、カーラインと呼ばれる部門であったと言われています。スズキの場合には、自動車などの車両の開発をカーラインという部門で取りまとめており、このカーラインが燃費測定についての走行抵抗値を求めつつ、同時に燃費値も求めるという業務を担っていました。

しかし、社内調査の結果において判明した

のは、カーラインが型式指定審査の段階で惰行法を使用しておらず（試作車では惰行法を使用していたようなのですが）、先に述べたように装置毎等の積上げによって得られた実測値を走行抵抗申請値として使用していたのです。

このように、三菱自動車は高速域に特化した高速惰行法を使用していた一方で、スズキは装置毎等の積上げを行っていました。なお、両社は惰行法を使用していない点で違法性を有するため、この違法性をもって燃費不正として報じられたのだと思います。

しかし、なぜ両社ともに惰行法を使用していなかったのでしょうか。

惰行法を使用していれば、これだけ大きな問題にもならなかったはずですし、惰行法を使わないことよりも独自の測定方法を使うことの方が申請などでややこしいような気もします。

実は、この問題の背後には、惰行法が抱える問題点が関係しているのです。そして、その問題点を克服するために両社が行った測定方法における「正しさ」もあることから、ここからはそれらに焦点を合わせてみたいと思います。

使えない惰行法と両社の「正しさ」

これまでに述べたように、惰行法とは試験自動車によって実際に試験路を走る方法のことを指しています。しかし、実際に試験路を走るということは、その日の風や気温などの自然環境の影響を受けやすいことを意味しています。その点において、惰行法は困難なものであったと指摘されています。

実際に、三菱自動車の記者会見（二〇一六年五月一一日付け）では、風や気温が変化しやすいわが国において惰行法を使用することが難しく、それを加味してタイにおいて測定を行っていたとされています。わざわざタイまで行かなければ測定ができない状態というのは、三菱自動車にとっては余分なコストがかかってしまいます。でも、そうせざるを得なかったのです。

さらに、調査報告書においても、三菱自動車が惰行法を使用していなかったのは「よほどの条件が整わない限り不可能であった」[*6]ためであり、「惰行法が非常に手間の掛かる面倒な走行抵抗測定方法であると認識されていた」[*7]とも説明されています。このように惰行法は、より良い燃費を求めようとすればかえって自社の燃費が求められなくなるという意味で逆効果でもあったのです。

スズキの場合にも、このような惰行法の難しさが記者会見で述べられていました。スズキも、試験場自体が海に近い丘の上にあったため、風の影響を強く受けていました。そのため、惰行法が非常に困難となっていました。

さらに、惰行法を使わなかったのは、燃費をより良く見せるためではなく、あくまで正確に測定するためだったと説明されたのです。

このことは、記者会見（二〇一六年五月一八日付け）における次のような説明に見て取ることができます。「測定の現場は、惰行法を測りながら色々と試みるのですが、自然界の外で安定して取れないとか、ばらつきが出るとかのなかで大変苦労していたようなのです」

このように考えると、両社が惰行法を使用していなかったのは、惰行法が使い勝手の悪い測定方法だったからと言えます。

というのは、もし実際の測定現場において何不自由なく測定できるものであれば、両社ともに難なく惰行法を使用していたとも考えられるからです。それに、三菱自動車のようにわざわざタイにまで行って測定するほどのことでもなかったからです。

では、どのようにして両社はそれぞれ独自の測定方法を採用していたのでしょうか。

三菱自動車の場合、もともと高速惰行法とは三菱自動車が一から開発したものではなく、米国で使用されていたコーストダウン法という測定方法を参考に開発していたものでした。三菱自動車では、米国への出荷が多く、それに合わせて測定方法も自社開発していたのです。

コーストダウン法とは、少なくとも一九八〇年代においては「運輸省（当時）においても、測定精度の高い負荷設定方法として認知され[*8]」ていたと言われています。もちろん、現代においてはより正確な測定方法がありますから、三菱自動車はそれを踏まえて高速惰行法を使用していたと思われます。いずれにしても、三菱自動車が高速惰行法を使用していたのは米国への出荷を行うために現地で「正しい」と考えられている測定方法に合わせるためであったと考えられます。

スズキの場合も同様に、装置毎等の積上げを採用していたのは、欧州への出荷を行うためでした。このことは、調査報告書において次のように説明されています。「欧州認証用に測定した装置毎等の積上げによる走行抵抗値が既に存在していたことから、国内申請用に必要な惰行法による測定をせず、装置毎等の積上げによる走行抵抗測定値を国内でも申請値として使用出来るとの誤解が生まれ、以降の新規開発車両にも踏襲されていったものと推測しております」[*9]

つまり、スズキの場合も同じように欧州への出荷を行うために現地で「正しい」と考えられている測定方法に合わせるために装置毎等の積上げを採用していたと言えます。

このことから、両社は（一）惰行法が大変手間のかかる測定方法であったことに加えて、（二）それぞれ海外への出荷先で使用されている「正しい」測定方法を使用することで国内よりも海外を視野に入れて製造・開発を行っていたことが分かります。

ここまでの説明でも分かるように、そもそも惰行法が大変手間のかかるものであったため、両社ではそれぞれ独自の「正しい」測定方法を使用していました。

では、なぜ大変手間がかかるとされる惰行法が国内において設定されるに至ったのでしょうか。このことを考えるためには、惰行法が設定された燃費基準にまでさかのぼる必要があります。ここからは、この燃費基準の変化について見ていきたいと思います。

ＪＣ０８モードの功罪

もともと、燃費不正問題が話題になった二〇一六年当時は、日本において「ＪＣ０８モード」という燃費基準が設定されていました。惰行法は、このJC08モードという燃費基準において定められていたのです[*10]。

このJC08モードが設定されたのは、それまでの「10・15モード」において燃費値がかけ離れたものであったためとされています。これは、カタログにおける燃費値と実際の燃費値の差のことを表しています。

10・15モードでは、カタログの燃費値の方がより良く出てしまうために、問題となっていました。そのため、JC08モードは、日本独自の燃費基準として、国土交通省と経済産業省の共同所管により新たに設定されたのです[*11]。

かけ離れた燃費値についてもう少し説明しますと、10・15モードではエンジンが温まった状態でしか測定をしていなかったため、カタログの燃費値が実際の燃費値をどうしても上回ってしまう問題がありました。実際に私たちが自動車を運転する時にはエンジンが必ずしも温まった状態であるとは限らず、その燃費値に差が出てしまいます。

そのため、JC08モードではエンジンが冷めた状態でも測定を行うこととし、燃費値の差をなるべく少なくする工夫がなされたのです（実際には、それでも差は埋まらなかったのですが）。

しかし、先にも述べたように、このＪＣ０８モードにおいて定められた惰行法ゆえに、三菱自動車とスズキは測定困難な状態となり、結果的にそれぞれ海外の測定方法を参考にせざるを得なかったのです。そう考えると、なぜわが国においては日本独自の燃費基準が設定されたのかを考えなければならないとも言えます。

ここからは私の見立てになりますが、このＪＣ０８モードが導入された背景には、とりわけ「わが国の消費者に対して諸外国よりも燃費を良く見せること」があったのではないかと思います。これはＪＣ０８モードが日本独自の燃費基準であり、かつ諸外国よりも比較的緩やかな基準であったことに起因しています。

とりわけ「わが国の消費者に」というのは、ＪＣ０８モードが日本独自の燃費基準であるため、この燃費基準において燃費値を参考にするのは、わが国の消費者だからです。海外の消費者であれば、ＪＣ０８モードに加えて各国の燃費基準も確認して、その差異を確認するはずです。

そのため、ＪＣ０８モードに本来期待されていたのは、燃費値の差を防ぐこと以上に、「わが国の消費者に対して諸外国よりも燃費を良く見せること」があったと考えられます。

事実、ＪＣ０８モードへの批判として挙がっていたのは、同一車種であった場合に当時の米国における燃費基準より燃費値がかなり良くなる（良く見える）というものでした。

より良く見えた方が日本車を買う人は増えてきますから、国土交通省と経済産業省があえてＪＣ０８モードにこだわったのではないかとも推察することができます。このような背景があることを当時の日本経済新聞も社説にまとめていますので、次に引用してみたいと思います。[*12]

日本の現在の燃費基準は、国交省と経済産業省の共管で導入された「ＪＣ０８モード」という方式だ。これはエアコンやカーナビゲーション、照明などをすべて消した状態で燃費を測るので、実際の走行時よりも、かなり良い数字が出ることが多い。

一方、米国では「エアコンをつけた状態」や「寒冷地での走行」など複数の走行状態ごとにガソリン消費量を測り、それらを総合して燃費をはじき出す。

その結果は日米で大きく異なっている。例えばトヨタ自動車の新型「プリウス」の燃費は日本基準ではガソリンリッターあたり四〇・八キロメートルに達するが、米国基準では同二四キロメートルにとどまる。

一般のドライバーから報告を集めて車種別のリアル燃費を調べるネットサイトの「e燃費」によると、プリウスの平均燃費は同二〇キロメートル台半ばで、米国基準のほうが乗り手の実感に近い。他の多くの車種も同様の傾向にある。

政府は二年後に新たな燃費基準の導入を計画している。米国方式も参考にしつつ、実態に近い計測方法を工夫すべきだ。自動車業界も燃費性能の数値上の悪化に抵抗はあるかもしれないが、消費者目線を重視する必要がある。三菱自とスズキの不正を燃費に対する信頼を取り戻す契機にしたい。

ここで言及されている「新たな燃費基準」とは、現在設定されているＷＬＴＰモードのことです。これは国際的な燃費基準のことを指しています。ＷＬＴＰとはWorldwide harmonized Light vehicles Test Procedureの略で、邦訳すれば「乗用車等の国際調和排出ガス・燃費試験法」となります。[*13]

簡単に言えば、それまで各国・地域ごとに異なっていた燃費基準を国際的に調和させることによって開発から流通に至るまでを統一された基準に従って行い、消費者や取引先などに分かりやすく燃費値を表示するものと言えます。

つまり、日本独自の燃費基準ではなく、国際的な燃費基準を日本も採用することで、日本独自である種ガラパゴス化したＪＣ０８モードが変更を余儀なくされたことが分かります。先にも述べたように、日本独自のＪＣ０８モードは、惰行法という測定困難な方法を現場に促していました。その背後にあったのは、「わが国の消費者に対して諸外国よりも燃費を良く見せること」であったかと思います。

もし、これが本当であれば、国土交通省や経済産業省が燃費を意識してＪＣ０８モードにこだわったことが、ひるがえり両社の燃費不正を生んでしまったのではないかと思うのです。仮にわが国の消費者を意識していなかったとしても、ＪＣ０８モードが設定されていたことで両社の燃費測定を困難なものにしていたことは事実ですから、両省はそのことについて何かしら説明を行ってほしいとも思います。

ただし、両省が国際的な視点からＪＣ０８モードを設定していたとすれば、私個人はそれも「正しい」判断だったのではないかと考えています。

というのは、もちろん自動車メーカーが各社競ってより良い燃費を求めていくだけではなく、わが国の国際競争力として（独自の）燃費基準を置くこと自体は、少なくともこの時点では容認されていたからです。

それはWLTPへの切り替えに対する裏返しで、各国・地域ごとに異なって燃費基準を設定することは日本に限らず行っていたことですから、日本もそれに追随することは何ら問題ないと思うためです。

しかし、その延長線上に測定困難な惰行法が現場に求められ、かつ現場では対応に苦慮した結果、現在の日本が参照しているような国際的な燃費基準を両社がやむを得ずに使用していたとすれば、それは不運以外のなにものでもないように思います。

結果的に、国土交通省や経済産業省がわが国の消費者に対して諸外国よりも燃費を良く見せることが、かえって国内の自動車メーカーの燃費不正問題を生み出し、国内で開発・製造される自動車の国際的な評判を落としかねない事態になった、ということなのです。

「正しさ」を追求するがゆえに起きた燃費不正

ここまでの説明でお分かりかもしれませんが、少なくとも両社の燃費不正とは、三菱自動車とスズキが単に惰行法を使用していなかった、というものではありません。それらをまとめると、次のようになります。

一．ＪＣ０８モードにおける惰行法は日本独自の燃費基準であり、その背後には「わが国の消費者に対して諸外国よりも燃費を良く見せること」というねらいがあった。

二．しかし、惰行法は少なくとも三菱自動車とスズキにおいてとても困難な測定方法であった。

三．そのため、三菱自動車は米国向けの高速惰行法を使用しており、スズキは欧州向けの装置毎等の積上げを使用していた。

四．しかし、結果的に（ＪＣ０８モードという燃費基準の是非は問われることなく）両社の測定方法にばかり目が行き、燃費不正という問題が顕在化した。

五．その後、ＪＣ０８モードはＷＬＴＰモード（あるいは、ＷＬＴＣモード）への変更が行われた。

以上の五点を踏まえた場合に、この燃費不正とは国土交通省や経済産業省といった行政組織や三菱自動車やスズキといった企業組織が、それぞれの「正しさ」を追求した結果、起きたものではないかと考えられるのです。

燃費不正というと、「燃費不正をした企業組織に原因がある（燃費不正をした企業組織に「危うさ」がある）」と考えられやすいのですが、しかしそうとは限りません。なぜなら、ここまで述べてきたように、その燃費不正とは「正しい」とされる燃費基準との差異においてあらわになるものだからです。

ただし、その「正しい」とされる燃費基準自体が日本独自のものであり、かつ（ＷＬＴＰなどの国際基準からすると）アブノーマルなものであった場合にはどうでしょうか。

それでも三菱自動車やスズキなどの企業組織だけに原因があるのでしょうか。私は、そうは思いません。むしろ、そうやって「正しい」ことの一面ばかりを取り上げることに、やはり無理があると感じます。

そのため、私はむしろ行政組織も企業組織も「正しい」ことを追い求めた結果として燃費不正が生じた、と考えています。

全員が「正しい」ことをすれば、全体としては「正しい」方向へ向かうと考えられがちですが、そうでもないのです。全員が「正しい」ことをしているにもかかわらず、全体として「危うい」方向へ向かうことも当然ながら考えられるからです。

「正しさ」の差異として考えること

話を戻すと、やはり今回の燃費不正は個々の企業組織に対する批判を行うべきというよりも、「正しさ」の差異がどのように生じたのかを明らかにしなければならないと思います。ここでの「正しさ」の差異とは、先にも述べたように行政組織が追求した「正しさ」と企業組織が追求した「正しさ」の差異です。それが、結果的に燃費不正として顕在化したものと考えられるためです。

これは結果論かもしれませんが、このことは次の二点の問いに集約されると感じます。

一・なぜ国土交通省や経済産業省は、現場において大変手間のかかる惰行法をあえて設定したのか。かつ、それはあらかじめ現場へのヒアリングなどを行ったものであったのか。

二．三菱自動車やスズキは惰行法が大変手間のかかる測定方法であったことを知った上でなぜそれをおおやけにしていなかったのか。

一つ目の点については、国土交通省や経済産業省が諸外国に比べて燃費を良く見せようとJC08モードや惰行法を設定したこと自体は分かるのですが、なぜ現場において使いにくい測定方法を設定してしまったのかがどうも腑に落ちません。

少なくとも、手間がかかるとか、自然環境などに影響を受けると言われる前に、惰行法で本当に良いのかどうかの検証がなされるべきではなかったのかと思わざるを得ないのです。

二つ目の点については、三菱自動車やスズキは、手間がかかる測定方法であったことを知っていたにもかかわらず、なぜそれをおおやけの問題として伝えなかったのかという点です。

もちろん、燃費基準を設定した行政組織に対して企業組織が訴えるというのは難しいことかもしれません。しかし、それを複数の企業組織が感じていたのであれば、業界全体の問題として訴えることもできたはずです。

つまり、本章で述べたかったのは、燃費不正という問題が企業組織だけの問題ではなく、行政組織と企業組織においてそれぞれ「正しさ」が追求された結果において生じた問題であり、かつその「正しさ」がそれぞれの組織において「閉じられた正しさ」だったということなのです。

「閉じられた正しさ」であれば、それぞれの組織で完結すれば問題とは感じられないものです。しかし、その「閉じられた正しさ」が差異として認識された時、つまり開かれた時に初めて燃費不正という問題が生じるのだと考えられるのです。ひとまず、このような二つの問いを示した上で燃費不正についての説明を終えたいと思います。

＊1　フォルクスワーゲンの排ガス不正については、次の文献を参照。熊谷徹（二〇一六）『偽りの帝国：緊急報告・フォルクスワーゲン排ガス不正の闇』文藝春秋。
＊2　論文については、次のものになります。中原翔（二〇二〇）「数値化された法的基準が誘発する組織不正：燃費不正の事例研究」『日本情報経営学会誌』第四〇巻、第一・二号、八九－一〇一頁。
＊3　特別調査委員会「燃費不正問題に関する調査報告書」（二〇一六年八月一日）、九頁。
＊4　特別調査委員会、前掲報告書、一七－一八頁。

＊5　スズキ株式会社「『排出ガス・燃費試験に係る不適切な事案に係る調査指示』に対する国土交通省への報告内容について」（二〇一六年五月三一日）。
＊6　特別調査委員会、前掲報告書、六二頁。
＊7　特別調査委員会、前掲報告書、六二頁。
＊8　特別調査委員会、前掲報告書、五九頁。
＊9　スズキ株式会社、前掲資料、四頁。
＊10　「道路運送車両の保安基準の細目を定める告示」（平成一四年国土交通省告示第六一九号）
＊11　「乗用自動車の性能の向上に関する製造事業者等の判断の基準等」（平成二三年三月二二日経済産業省・国土交通省告示第一号）
＊12　日本経済新聞朝刊「自動車燃費への信頼を取り戻すために（社説）」（二〇一六年五月二七日付け）。
＊13　国土交通省自動車局「乗用車の排出ガス・燃費試験法に国際基準（ＷＬＴＰ）を導入します。―道路運送車両の保安基準の細目を定める告示等の一部改正について―（プレスリリース）」（二〇一六年一〇月三一日付け）。

第三章

正しさの中の危うさ——不正会計

不正会計のあらまし

本章では、不正会計について取り上げていきます。不正会計とは、企業が財務諸表などに間違った情報を記載することや（虚偽表示）、本来あってはならない方法で利益を得ること（あるいはそのように水増しすること）などを指しています。

このような不正会計は、単に会計担当者一人が行う個人的なものとは異なり、それを指示する人と実行する人が互いに結託することが少なくないことから、組織的な不正になりやすいものと言えます。

本章で扱うのは、こうした不正会計の中でも、わが国において多くの人々の耳目を集めた東芝の不正会計問題です。この問題は、不正会計が発覚した当時の経営陣が事業部に対して「チャレンジ」と称した過度な利益達成目標を押しつけ、それに耐えかねた社員が利益の水増しなどを行ってしまったものでした。[*1]

ただし、ここでは「経営陣（トップ）だけに責任がある」という風に不正会計問題を一面的にとらえないようにしたいと思います。なぜなら、経営陣（トップ）だけに責任があると考えることによって、本章が言うところの構造的な問題が見えなくなってしまうからです。

それとともに経営陣（トップ）が利益達成目標を掲げて、それを現場に促すことは東芝に限ったことではなく、どのような組織でも行われていることです。さらに、一体どれくらいの利益達成目標が過度であるかについては、企業ごとに異なる部分もあるため、難しい判断を伴うものと言えます。

かつ、東芝の場合には、実際に得た利益は売上高に比べてかなり少なかったことも分かっており、経営陣（トップ）が私利私欲を満たそうと行った不正とは異なるという指摘も見られています。

このような観点を踏まえ、本章で考えていきたいのは、次の二つの問題です。

一．経営陣（トップ）による「チャレンジ」と称した利益達成目標の提示は果たして根本原因なのかという利益主義についての問題

二．利益主義が根本原因ではない場合、どのような点に根本原因があると言えるのかという問題

特に二については、本章において構造的な問題として指摘したいと思います。この構造的

な問題は、東芝に限らず、どのような組織でも「起こりうる」問題であり、不正会計以外の組織不正にも通ずる問題として考えられることと思います。

この点において、東芝のような総合電機メーカー以外の方々にも「考える材料」を提供できるものと考えますので、不正会計に関心がない方も是非この先をお読みいただければと思います。

さて、不正会計とはどのような問題なのでしょうか。少しおさらいをしておきましょう。

とりわけ二〇〇〇年代に入ってから、国内外において不正な会計処理が目立つようになりました。有名なものとしては、二〇〇一年一二月のエンロン事件です。当時エンロンは、世界最大手のエネルギー供給会社でした。そのエンロンが、大規模事業において次々と失敗を繰り返し、その損失を粉飾決算によって隠ぺいしていたのです。

このエンロン事件をきっかけとして、わずか半年後の二〇〇二年七月には、ワールドコム事件が生じました。ワールドコムも粉飾決算を行っており、最終的には負債総額が約四〇〇億ドル（約五兆円）規模で経営破綻するという類を見ない巨額不正会計事件が起きたのです。

このような余波は、日本にも波及しました。とりわけ二〇〇四年から二〇一三年までの一

表 3 - 1　不正会計事案（2004～2013年）

発生年	企業名	概要
2004年	カネボウ	架空売上の計上、経費の過小計上、不振関係会社の連結外し等により利益の過大計上
2005年	ニチイ学館	子会社における土地売却取引を不適切に処理し、利益を過大計上
2006年	ライブドア	自社株売却益を売上に計上等により、経常赤字を黒字に仮装
2006年	NEC	業績を仮装するため、子会社での循環取引による売上・利益の過大計上
2006年	レオパレス21	長期貸付金等の利息収入の未計上等による決算仮装
2007年	三洋電機	子会社・関連会社株式の評価損計上を繰延、違法配当を実施
2008年	コクヨ	子会社で架空取引や不明支出等により利益操作を実施
2008年	IHI	工事進行基準での工事原価の過小見積り、赤字工事への過小引当等により過大利益を仮装
2009年	広島ガス	子会社において、循環取引を行い、利益を過大計上
2009年	ダイキン工業	同社及び子会社において、工事収益の前倒し、棚卸資産の計上操作により、利益の過大計上
2010年	日産化学工業	子会社において、着服を隠ぺいするため、証憑書類を改ざん
2011年	ゲオ	子会社における架空取引等による利益の過大計上及び違法行為
2012年	神姫バス	子会社役員が横領目的で工事水増しや架空工事等により不正支出を実施
2013年	雪国まいたけ	土地や広告宣伝費等についての不適切処理で利益の過大計上

出所）一ノ宮（2016, 2017）より筆者作成。

○年間の不正会計について研究している論文によれば、[*2] 件数（概観）で二〇八件、年平均で二〇件程度の事件が発生したことが明らかになっています。一連の事件を有名企業だけに限ってまとめると、表3－1（前ページ）のようにまとめられます。[*3]

東芝の不正会計問題

それでは、東芝の不正会計問題とはどのような問題であったのでしょうか。

ここでは、不正会計問題の概要を押さえるために、詳細な調査報告書や文献を手がかりにしたいと思います。なお、ここではあくまで概要をつかむことを目的としているため、細かな情報は適宜省略し、大枠をとらえるように説明していきます。

もともと、東芝の不正会計問題は、東芝において利益の水増しが行われているという内部告発が証券取引等監視委員会に届いたことに始まりました。この監視委員会から指摘を受けた東芝では、二〇一五年四月に特別調査委員会を設置し、本当に内部告発で言われている通りのことが起きているのかどうかを調査するに至ったのです。[*4]

この時、疑いをもたれていたのは、工事進行基準と呼ばれるものでした。工事を行う上での原価などを計算する方法には、主に工事完成基準と工事進行基準があります。

前者は工事が完成した時に原価などを計算するものであるのに対して、後者は工事が進行している時々で計算するものになります。前者では工事が完成しなければ計算できないものであるのに対して、後者は工事が完成していなくとも計算できる点に大きな違いがあります。東芝では、この後者についての不適切な会計処理について疑いがあったのです。

その後、この他にも不適切な会計処理が行われていないかどうかを調べるために、東芝は特別調査委員会において社内調査を行いました。その時点で、複数の問題がありうるということが分かっています。そのため、東芝は五月八日に第三者委員会を設置し、より詳しい調査を依頼したのです。[*5] この第三者委員会が主に調査を行ったものとしては、次の四点になります。

①工事進行基準に関わる会計処理
②映像事業における経費計上に関わる会計処理
③半導体事業における在庫評価に関わる会計処理
④パソコン事業における部品取引等に関わる会計処理

ここでは簡単にそれぞれどのような問題であったのかを見ていきたいと思います。

①工事進行基準に関わる会計処理

まず①については、先にも述べたように工事進行基準における不適切な会計処理でした。工事進行基準において適切な会計処理を行うためには、工事収益総額、工事原価総額、決算日における工事進捗度が必要となります。

工事収益総額とは、工事が進んでいる時点でどれくらいの収益があるのかについての総額になります。それに対して工事原価総額とは、工事が進んでいる時点でどれくらいの原価があるのかについての総額です。

一般的に収益の方が原価よりも大きい場合には黒字になりますが、収益よりも原価の方が大きい場合には赤字になります。

ここで注意が必要なのは、赤字になる場合には、工事損失引当金を計上しなければならないことです。工事損失引当金とは、工事を行っていく段階で発生しうる損失に備えるための準備金のことです。つまり、工事損失引当金を計上することによって工事損失に備えるための準備金を費用として確保できるのです。

ただし、工事損失引当金を計上してしまうと、費用が増えるため、利益が少なくなってしまいます。そこで東芝は、この工事損失引当金を計上せずに（あるいは少なく計上して）、決算時点で利益を多く計上し、損失は計上せずに先送りにするという方法を取っていたのです。

このような利益の先出し（水増し）と損失の先送りを行えば、見かけ上は利益がたくさん出ているように見えますので、東芝としては株価などに影響が出にくいと考えたのかもしれません。このような不適切な会計処理が行われたのが、工事進行基準に関わる会計処理というものでした。

② 映像事業における経費計上に関わる会計処理

次に②についてです。映像事業ではキャリーオーバー（carry-over：以下、C／O）と呼ばれる手法によって費用計上の先送りが行われていました。

C／Oとは、「持ち越し・繰り越し」という意味もあるように、費用計上を先送りにすることを意味しています。費用計上を先送りするのは、①と同様に利益を多く見せるためです。先に利益をたくさん出しておいて、あとに費用を先送りしておけば、ひとまず利益がたくさん出ているように見えるからです。

映像事業部では、この費用計上の先送りのために、C／O管理表なるものを作成し、個人ではなく複数人で組織的に利益操作を行っていたことが分かっています。

C／Oの具体例としては、①と同様に引当金を計上していなかったり、経費そのものを計上するのを遅らせたりするなどがあります。そうすれば、利益を多く見せることができるため、このような方法が常態化していたと考えられます。このような不適切な会計処理が行われたのが、映像事業における経費計上に関わる会計処理でした。

③ 半導体事業における在庫評価に関わる会計処理

続いて③についてです。半導体事業では主に二点の問題があったと言われています。それは廃棄されるべき在庫の損失計上についての問題と原価計算の問題の二つです。

まず、廃棄されるべき在庫の損失計上についてです。半導体に限らず、多くの製品は販売数よりも生産数が多くなると在庫がたくさん発生します。いわゆる売れ残りです。

その売れ残った在庫は、いつか廃棄しなければならないのですが、本来はその在庫が売れなくなる見込みが立った時点で損失として計上しなければなりませんでした。

しかし、東芝は売れなくなる見込みが立っても損失として計上せず、実際に廃棄したタイミングで損失として計上していました。売れなくなる見込みが立った時点ではなく、実際に廃棄したタイミングであれば、自分たちに都合の良いタイミングで廃棄することができます。そうすれば、自由に損失を作り出すことができたのかもしれません。このような点が不適切な会計処理として認識されたのです。

もう一つは、原価計算の問題です。この問題はやや複雑なものですので、簡便に説明します。一般的に、売上高から売上原価を引いたものが利益になります（売上高〈一定〉－売上原価＝利益）。売上高が同じ場合、売上原価を小さくすれば利益が大きくなるのが分かります。

では、売上原価を小さくするためには、どうすればいいでしょうか。売上原価は、製造原価から在庫原価を引いたものと考えることができます（売上原価＝製造原価〈一定〉－在庫原価）。これは製造において必要な原価は、在庫において必要な原価と売上において必要になる原価の二種類があるという考え方から来ています。そのため、製造にかかった原価を一定とした場合には、在庫にかかる原価を増やすことで売上原価を小さくできるからです。

この考え方を踏まえて、東芝では半導体を作る際に在庫原価を多くする原価計算を行って売上原価を小さくし、結果的に利益を多く見せようとしたのです。詳しい計算方法は省略しますが、半導体事業における原価計算ではこのような不適切な会計処理が行われたのです。

④パソコン事業における部品取引等に関わる会計処理

最後に④についてです。パソコン事業では、当時台湾などの組み立てメーカーに製造を委託していました。これはいわゆるＯＤＭ生産と呼ばれる方式で、東芝ブランドの製品を設計したり、生産することを委託することを指しています。

当時、東芝はパソコン事業の売上が伸び悩んでおり、このＯＤＭ生産を利用して高い利益を上げられないかと考えていました。そこで東芝が採用した方法が部品取引における有償支給というものです。

部品を委託先に提供するには、無償支給と有償支給に大きく分かれます。前者は部品を無償で支給するものを指しますが、東芝では有償支給を採用し、部品自体を東芝が仕入れて委託先が買い取っていました。この時に東芝は部品の仕入原価を安くしてそれを高値で販売する「マスキング」を行っており、通常の二倍から五倍の高値で販売していました。

かつ、東芝は決算期が近づくと、このような部品の押し込み販売を行うことで利益を過剰に生み出す方法（いわゆる「バイセル（Buy-Sell）取引」）を採用していたのです。

ここまで東芝が行った四つの不正会計について見てきました。ここに記載したものは、概要に過ぎませんので、不正会計のすべてを明らかにしたものではありません。

それでも不思議に思うのは、なぜ東芝のような名門企業がこのような不正会計に手を染めなければならなかったのかという背景についてです。この背景には、当時の経営陣が関わっていたとされています。とりわけ、映像事業に対しては「社長月例（会議）」において損益改善を目指した要求（いわゆる「チャレンジ」）が行われており、それは特に厳しいものであったと言われています。

社長月例会議の発言内容

ここでは、調査報告書に記載されている「社長月例会議」での発言をまとめてみます。このような要求が行われていることは、映像事業にいなくとも大変厳しいものであると実感できます。かつ、厳しいものであればあるほど、先に見た不正に手を染めたくなる（手を染めなければ達成できないと感じる）気持ちも分かります。

なお、引用文中に出てくる英字用語の意味は以下の通りです。

P…社長
GCEO…事業グループ担当執行役
CP…カンパニー社長
DS社…デジタルプロダクツ&サービス社
TLSC…東芝ライフスタイル株式会社

2012年9月、社長月例において、佐々木則夫Pが「売上高で9月10日提出値までの＋92億円の施策説明ではまったく意味がない。改善チャレンジへの回答となっていない。今回の改善チャレンジは、未達カンパニーがあると全社と予算未達になる。それなのに、自分達の提出値を守りますというだけ。…全くダメ。やり直し」と発言している。

2013年8月、田中久雄Pは、深串方彦GCEO、徳光重則CP、映像事業部部長A氏

らに対し、「偏《ひとえ》に予想外のＰＣ・ＴＶ・家電の損益悪化が原因です。第２四半期損益が第１四半期と同じ状況なら、弊職としては従来からの見解を変えてＴＶ・ＰＣ・家電事業からの日本を含む全世界からの完全撤退を考えざるを得ません。これは決して脅かしではありません。」と伝えている。

２０１３年９月、田中久雄Ｐは徳光重則ＧＣＥＯ、深串方彦ＣＰに対し、「テレビ事業の下期黒字化は弊職が公に宣言しているいわば公約です。ありとあらゆる手段を使って黒字化をやり遂げなければなりません。」と伝えている。

２０１４年２月、社長月例において、田中久雄Ｐは、「映像は第３四半期に折角ゼロになったのに第４四半期で赤字で元通りでは意味がない。なんとしてでもゼロにするように。あれだけ構造改革をやっておいて▲46億円赤字とは言えない。いくらまで出来そうなのか？」と質問し、ＤＳ社の映像事業部部長Ｃ氏が「実力値で23億円足りておりませんし、欧州▲46億円の対応手段も難しい。もう少しお時間をいただきたい」と答えると、「どんなことがあっても▲20億円までに納めなさい。…資金収支は前回悪化分＋１００億円改善チャレンジ」と指示している。

2014年3月、社長月例において、田中久雄Pは、「TVはなんだ、この体たらく。まだ▲20億円リスクがあります、+19億円はチャレンジ受けているけれど見込めません、それでは最悪▲85億円ではないか。そうなったらTV事業をやめる。赤字ならやめる。下期黒字にすると市場に約束している。黒字にできないのならやめる」「映像の損益は▲65億円から+19億円を最低やること」と発言している。

2014年6月、田中久雄Pは、TLSC社長に対し、「映像は一体何をやっているのでしょうか?第1四半期で▲53億円など到底認める訳には行きません。2013年度下期で黒字化を達成すると弊職が市場に約束をしている事を裏切り黒字化のめどが立ったと断言をした事も裏切る事になります。市場はもう何を言っても弊職の言質を信じないでしょう。これが如何に他の事業に悪影響を及ぼすのか理解していますか?年間ベースでは▲200億円を超すような事業は全面撤退しかありません。何年一体我慢をすればいいのでしょうか?現法の連中は全員解雇して全面撤退をするしかないでしょう。本質的な改善は全く出来ていないという事ですね？先日の事業課題点検の会議で映像事業部部長C氏はそれでも米国の撤退だけでも抵抗をしていたのを覚えていますよね？いい加減にして貰いたいとしか言いようがありません。」と叱責している。

「利益」のない利益操作と会社存続

このように社長月例会議での発言は、とりわけ映像事業に対して酷なものであったと言えます。本来、どんな事業であっても市場動向や環境変化もあるため、一概に事業が頑張れば売上が上がるというものではありません。

もちろん、それに甘んじて映像事業が活動をおろそかにしてはならないと思います。しかし、社長月例会議での発言は、その責任を映像事業にだけ押しつけた発言であり、当時の映像事業部長などは大変困難な目標を強いられていたものと言えます。

そもそも、東芝の売上高（当時約六兆円）からすると、このような「利益」というのはかなり少額であったとも言えます。そのため、東芝の不正会計は「利益」がほとんどなかったにもかかわらず、不正会計に手を染めるものであったと言われています。それは個人が不正会計によって多額の「利益」を得ようとする不正会計とは違い、純粋に会社の存続をかけて取り組まれた不正会計であるとも言われています。

もしも、個人が多額の利益を得ようとした不正会計であれば非難されてしかるべきとも考えられますが、東芝が行ったのはむしろ映像事業ほか事業ごとの利益を守ることによって会社を存続させようというもっともらしい理由だったのです。

このような不正会計を、アメリカ型不正会計（利益追求）と日本型不正会計（会社存続）として比べられているのが澤邉紀生先生です。ここでは、澤邉先生の論文から一節を引用してみたいと思います。[*6]

アメリカ型不正会計の私利追求という動機、旧来の日本型不正会計のお家を守るという気持は、ともに不正によってそれを上回る利益を得ようとしたという意味で合理的である。しかし、東芝では、会社としても個人としても、誰も大きな利益を得ることがないにも関わらず不正が行われた。通常ならば、善良な市民である優秀な東芝の従業員が、なぜこのような不正に長くにわたって染まってしまったのか、その背後にある構造が現代社会における会計の力を物語っている。

東芝問題の本質を理解するヒントは、会計不正によって得られた利益の小ささにある。２０１５年７月に公表された第三者委員会報告書によれば、会計操作によってかさ上げされた利益は１５００億円程度である。７年間の累積で約１５００億円であるから、１年あたり２２０億円である。同期間の１年の売上高が６兆円あまりであるから、会計操作によってかさ上げされた利益額はその０・３％にしか過ぎない。純利益が約２０００億円であるから、１割弱の比率である。１５００億円という金額も、２２０億円という金額も決して小さなものではない。しかし、東芝というブランドを毀損してまでして得られる利益としては小さすぎる。実際に、会計操作の影響を除外して東芝の財務分析を行なっても、全体として大きな違いはない。会計操作をしてもしなくても、東芝全体としての財務状態に大きな違いはなかったのである。

澤邉先生が述べられているのは、アメリカ型不正会計も日本型不正会計もどちらも合理的であるものの、日本型不正会計は会社を存続させるという組織合理的な不正会計であるということです。

それは私利私欲の追求ではなく、会社を存続させるという「正しい」目的の下で、どの会社でも「起こりうる」不正会計であったことを意味しています。

第一章でも述べたように、長きにわたる不正会計（＝組織不正）であるほど、組織において常態化したものであり、それが不正であるとは考えられにくいと言えます。これが、澤邉先生がおっしゃるところの日本型不正会計の特徴であると言えます。

利益主義は不正会計の根本原因ではない

東芝の不正会計が仮に少額であっても「利益」を追求した結果であることは明白です。しかし、それを「東芝の利益主義が招いたこと」と考えるのは、やや早計とも言えます。なぜなら、「利益」を追求することは、どのような会社であっても行われることだからです。それに利益主義の会社がたくさんあるのに、東芝だけがこのような不正会計を行ったと結論づけるには、やはり無理があります。

このことから、利益主義が不正会計の根本原因であったとは私は考えていません。むしろ、別のところに根本原因があって、それが東芝の不正会計問題を生んだと考えています。

この根本原因をより丹念に考えていくためには、先に引用した社長月例会議における経営陣と映像事業部長の会話を見ていく必要があります。具体的には、二〇一四年二月の発言です。

二〇一四年二月の発言では、映像事業部が赤字化したことに対して、田中元社長から次の四半期では必ず「ゼロ」にするように促していることが分かります。しかし、映像事業部長は次の四半期で「ゼロ」にするのは難しいとして「もう少しお時間をいただきたい」と説明しており、次の四半期では到達することが困難であることを明示しています。

ただし、田中元社長は、それに対する返答として「どんなことがあっても▲20億円までに納めなさい。…資金収支は前回悪化分＋１００億円改善チャレンジ」として、さらなる目標を提示し、映像事業部の一層の努力を促しています。

このような発言から分かるのは、田中元社長（他経営陣）が考えていたのは、次の四半期でという「短い時間」で利益を上げなければならない（あるいは、赤字をなくすか、黒字にする）ということである一方で、映像事業部では比較的「長い時間」でなければ達成できないという時間の差が生まれてしまっていることです。

先にも述べたように、利益を求めること自体は経営陣も各事業部もともに同じです。それは映像事業部長が田中元社長の意見に反対するのではなく、「もう少しお時間をいただきたい」と時間的猶予を求めたことにも見て取れます。しかし、そこに「どれくらいの時間で」利益を上げなければならないのかといった時間感覚は、両者において決定的に異なっていることが分かります。

このことは、調査報告書においても不正会計の「直接的な原因」として挙げられています。調査報告書では、単なる利益主義ではなく「当期利益至上主義と目標必達のプレッシャー」(二七七–二七八頁、傍点筆者)として、次のような説明がなされています。一部を引用します。

Pが示す「チャレンジ」のほとんどは、長期的な利益目標などの視点から設定されるものではなく、当期又は当四半期における利益を最大化するという観点(当期利益至上主義)から設定される目標達成値であった。また、各四半期末が近づいて、もはや精一杯の営業努力を尽くしても多額の収益改善を図ることが困難となってからも、会社の実力以上に嵩上げして設定された予算を達成するための「チャレンジ」が示されていた。そのような経営方針から、各カンパニーにおいては「チャレンジ」を達成するためには、当期末の経営成績どおりの会計処理を行うのではなく、実質的に来期以降の利益を先取りしたり、当期の損失や費用の計上を次期以降に先送りすることなどにより、当期における見かけ上の利益を予算やチャレンジの値に近づけるという不適切な会計処理を行わざるを得ない状況に追い込まれていた。

最後の文章の「不適切な会計処理を行わざるを得ない状況に追い込まれていた」というのは、時間的に追い込まれていたという意味です。

あるいは、本来であれば映像事業部が「長い時間」をかけて利益を改善していく必要があるにもかかわらず、それを田中元社長（他経営陣）が何らかの理由でどうしても「短い時間」で利益を改善していかなければならないと考えたことを意味しています。

そして、このことは田中元社長（他経営陣）の責任にするだけで片付けてはならないことでもあります。なぜなら、根本原因であるのは、時間感覚の差だからです。

根本原因は経営陣と各事業部の「時間感覚の差」

田中元社長（他経営陣）だけの責任にしてはいけないのは、一方だけを取り上げてしまうことによって、この時間感覚の差が分からなくなるからです。

田中元社長（他経営陣）は、たしかに「短い時間」での利益を求めたという点において「当期利益至上主義」であったと思います。この「当期利益至上主義」によって映像事業部は、C／Oとして引当金や経費を計上せずに利益を多く見せるという不正会計に手を染めてしまったのです。

しかし、もし「当期利益至上主義」であったとしても、映像事業部がそれに納得して当期での利益を正しい方法で達成できた場合（達成しようとした場合）、この「当期利益至上主義」は根本原因ではなくなります。

つまり、私がここで言いたいのは、田中元社長（他経営陣）の一方だけを取り上げることで「時間感覚の差」をなかったものにするのではなく、この「時間感覚の差」によってどのように不正会計が生じてしまったのかを問う必要があるということなのです。人間そのものを責めるのではなく、人間自身の感覚の差が生んだこととして考えなければならないということです。

これは、言い方を変えれば、田中元社長（他経営陣）だけが「危うさ」を抱えていたと考えるのではなく、双方とも「正しい」方法で会社を存続させようとした結果、不正会計が生まれたのではないかと問うことでもあります。

第一章でも述べたように、どちらか一方が「危うく」、他方が「正しい」と考えることによって両者の違いが分からなくなってしまいます。そうではなく、双方とも「正しい」方向へと会社や事業部を導こうとしてしまったがゆえに不正会計が生まれてしまったとすれば、一体その原因はどこにあるのかを問う必要があると言えるのです。

このことを考えるにあたり、先ほど引用した澤邉先生の論文には、次のような記述もあります。この指摘も重要な箇所であるため、そのまま引用させていただきたいと思います。

実は、日本企業の特徴は、予算目標をめぐって、トップとミドルの間をキャッチボールのようにやりとりが繰り返されてきたことにあった。トップは本社の考え方を理解してもらおうとして、ミドルは現場の現実にたって、お互いに理想と現実をぶつけあって粘り強く話し合う、これがキャッチボールの中身である。ここまで時間と労力をかけてキャッチボールを続けてきた背景には、現場を重視してきた日本企業の思想ともいうべき考え方が合った。利益は結果として得られるものであって、その結果をもたらすのは現場の行動にあるという考え方が「正しい」という思想である。

東芝でも、１９９０年代まではそのようなキャッチボールがミドルを中心に行われていた。しかし、２０００年代に入ってからは、その習慣は失われてしまったという（櫻井・松永、２０１４）。この頃から会計利益数値と現場の現実が乖離し、いい仕事をした結果としての「利益」ではなく、「利益」数値を作るため会計操作がルーティン化していくことになる。

このように、もともと東芝は、本社と子会社が時間をかけて議論を交わし、利益目標を決めるという日本企業の強みをもっていた会社でした。それはトップ（経営陣）とミドル（事業部長）が対等な立場で率直な意見を交わすことによって「時間感覚の差」をすり合わせる（あるいは、近づける）ものであったのです。

しかし、二〇〇〇年代に入ってから東芝はこのようなすり合わせをやめてしまったのです。それによって、本章で述べてきた「時間感覚の差」がどうしても生じてしまうようになっていたのです。それは、つまり「いい仕事をした結果としての『利益』ではなく、『利益』数値を作るため会計操作がルーティン化していくこと」を意味していたのです。

経営資源としての「ヒト、モノ、カネ、情報」を時間化すること

いわゆる経営学においては、「ヒト、モノ、カネ、情報」を基本的な経営資源であると考えます。ヒトであれば人材を指しますし、モノであれば製品やサービス、カネであれば利益や給与、そして情報であれば顧客データなどです。

このような「ヒト、モノ、カネ、情報」がそろうことによって初めて経営が成り立つのであり、そうである以上これら経営資源のいずれが欠けても良い経営を行うことはできないとも言えます。

しかし、東芝の不正会計問題が私たちに教えるのは、これらの経営資源を適切に時間化していくことの大切さであり、さらに時間化することが他の人々にも共有されていることの大切さだと言えます。

どういうことかと言えば、「ヒト、モノ、カネ、情報」はそれぞれの性質が異なるので、経営において利用できる状態にするためには、それぞれの時間が必要になります。

例えば、ヒトの場合です。入社して間もない社員は仕事をまだ覚えられていないため、活躍できないことも少なくありません。そのような社員が、研修や現場での経験を積むことに

よって必要な知識や経験を獲得し、一流の人材として経営に寄与するようになります。

モノの場合もそうです。自社で部品を一から作ろうとすれば、開発から生産に至るまでの比較的長期間を想定しなければならないのに対し、市場ですでにできあがった製品を調達するならば時間がかかりません。

前者は内製(make)、後者は外注(buy)とも言われ、経済学や経営学では「内製か、外注か(make or buy)」についての意思決定の問題として扱われることがあります。

東芝の不正会計問題は、とりわけカネの問題として考えることができます。利益(=カネ)をどれくらいの時間で生み出していくのかについて本社と子会社が異なる立場に立ってしまい、それを共有できていなかったと考えられるのです。

トップ(経営陣)は利益(=カネ)が「短い時間」において生み出せるものと考え、それを映像事業部に求めました(カネの短時間化)。しかし、実際に映像事業部がまっとうな方法で利益(=カネ)を生み出そうとすれば、地道な営業活動や販売活動を行わなければなりません。そのためには「長い時間」をかけなければならなかったはずなのです(カネの長時間化)。

このような時間化の理解についてトップとミドルに差があるのであれば、トップが求める

「カネの短時間化」にミドルが合わせなければならず、無理な利益生成が行われることになります。それが今回の不正会計（不適切な会計処理）につながったのです。

ただし、繰り返すように、これはトップだけの問題ではないのです。なぜなら、ここではその時間化の〝差〟を問題にしているからです。そのため、この時間化の差をどのように埋め合わせたり、あるいは差があることを前提にどのようにトップがミドルに権限を与えるかなどを考えることがより適切であると考えます。

時間化の差を埋め合わせるというのは、これまでにも見てきたトップとミドルのすり合わせなどが代表例かと思います。トップが短時間で利益を生み出すよう命じても、（不正会計をするくらいであれば）ミドルはそれを拒むか、もしくは議論の場を調整していかなければなりません。

もし拒むことができなければ、トップを監視する監査役などに相談するなどしなければなりません。このようにしてトップとミドルは利益（＝カネ）を出すことのできる時間を共有し、不正会計を行わずとも健全な経営を行えるようともに働くことができると思います。

それに対して、もし時間化の差があることを前提とする場合には、そもそも権限のあるトップがミドルに対して利益目標を一方的に伝えるのではなく、ミドルに権限を与えて自ら利

図3-1　時間化の差

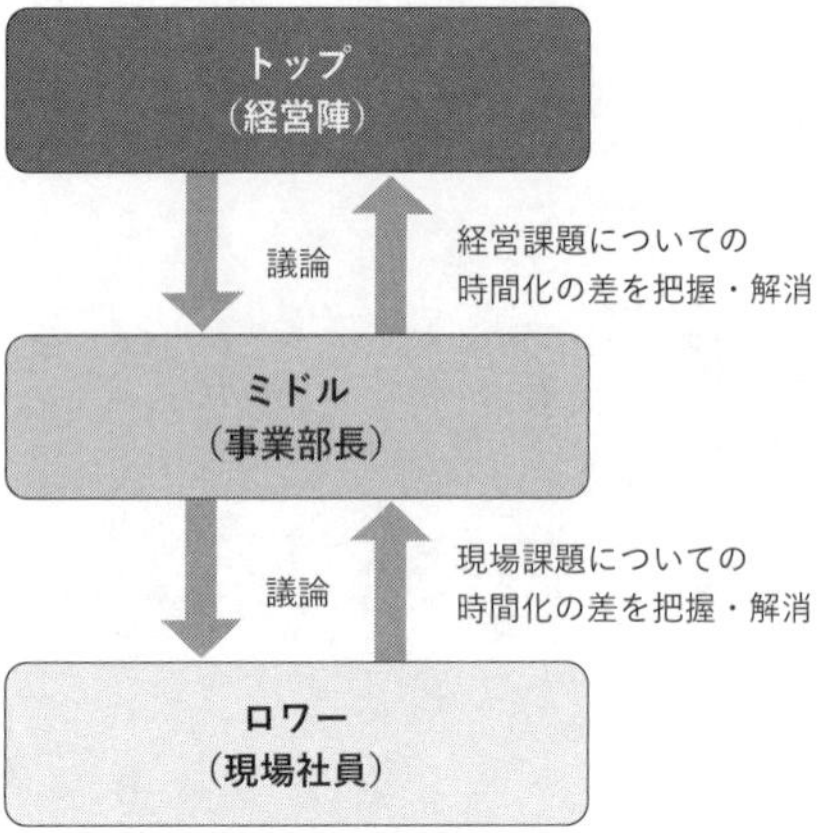

益目標を計画させ、その計画に沿って経営活動が行えるよう支援することがトップには求められると言えます。

それを踏まえてトップは、映像事業部のように赤字が黒字にならない部門があれば、事業を続けるか否かの判断を行う必要があると思います。あるいは、赤字でも続けなければならない事業があるとすれば、他の事業でなんとかカバーすることができないのかを模索することが求められると思います。

いずれにせよ、東芝の不正会計問題はトップが考える「カネの短時間化」とミドルが考える「カネの長時間化」が噛み合っておらず、後者が前者に合わせようとした結果生じたものと考えることができます。これが、本章で述べたかった構造的な問題の本質になります。利益（＝カネ）がまっとうな方法で生み出せるには、どれくらいの時間が必要であるのかをトップとミドル、そしてミドルとロワーの間ですり合わせるなどしておくことが大事になるのです。

利益を求める「正しさ」の中の時間的「危うさ」

東芝の不正会計問題によって私たちが教訓とすべきは、利益を求めるという点においては会社を存続させるという「正しさ」を、トップもミドルもロワーももっていた一方で、それが時間的な差（＝齟齬）としてあらわれる場合には「危うさ」となるということだと言えます。

会社の存続のために利益を追求することは、東芝に限らず、どのような会社であっても行っていることです。そうである以上、利益主義を責めることはできません。その意味で、利益を追求することは決して間違ったことではなく、会社としての「正しさ」であると言えます。

しかし、その「正しさ」を追い求める過程において、東芝は主にトップとミドルの間でそれぞれが考える利益（＝カネ）の時間化に差が生じており、この差が結果的にロワーを苦しめて不正会計が行われたのだと思います。ここでのロワーとは、映像事業部ほか各事業部の社員のことです。

このように考えると、東芝の不正会計問題に似た事象はどこの組織でも「起こりうる」と考えられます。それは、どのような組織であっても利益（＝カネ）を生み出すのはロワーであるにもかかわらず、そこから離れた人たちが短時間で利益（＝カネ）を生み出すよう命じた場合にはロワーにとっては不正（会計）に手を染めるほかないからです。

これはロワーを責めることによって解決することでもないですし、ミドルやトップを責めることで解決するものでもありません。それは複数の「正しさ」によって引き起こされた時間的な「危うさ」というものが、一部の人たちによって生み出されるものではなく、階層を超えて構造的な問題としてあらわれたということです。

このような構造的な問題は、特定の人たちを責めることによって解決することではありません。構造的な問題は、いつも「正しさ」の差異や乖離としてあらわれるものだからです。「誰がやったことなのか」という風に一部に目を向けるほど、このような差異や乖離は見えなくなってしまいます。それでは根本原因は何ら解決しません。

このことから、本章で述べたかったのは、不正会計という問題がトップだけの問題ではなく、利益を求めるという「正しさ」によって引き起こされた時間的な「危うさ」が根本的な原因であったということです。

あるいは、時間化の差があったにもかかわらず、それをトップが考える「カネの短時間化」に合わせなければならなかったため、差を無理にでも解消しようとして、不正会計が起きてしまったとも言えます。本来生じている差を無化することによって、どこかに歪みが生じることとなり、それが結果的にロワーを苦しめて不正会計が行われたということです。

ただし、繰り返すように、このような時間化（時間感覚）の差によって不正会計が生まれるのは、どのような組織でも「起こりうる」ことです。したがって、「不正会計など、うちの組織には起こりえない」という組織ほど、このような不正会計問題から教訓を得るべきではないかと私は思うのです。東芝の不正会計問題については、まだまだ検討の余地がありますが、ひとまず以上の説明で本章を終えたいと思います。

＊1　株式会社東芝　第三者委員会「調査報告書」（二〇一五年七月二〇日）。

＊2　一ノ宮士郎（二〇一六）「我が国における不正会計の傾向と分析⑴－2004年～2008年における不正な財務報告―」『専修マネジメント・ジャーナル』第六巻、第一号、一－一四頁。

＊3　一ノ宮士郎（二〇一七）「我が国における不正会計の傾向と分析⑵－2009年～2013年における不正な財務報告―」『専修マネジメント・ジャーナル』第七巻、第一号、一－一三頁。一ノ宮士郎（二〇一八）「我が国における不正会計の傾向と分析⑶－2004年～2013年における不正な財務報告」『専修マネジメント・ジャーナル』第八巻、第一号、一－九頁。（ほか、一ノ宮前掲論文を含む）。

＊4　株式会社東芝「特別調査委員会の設置に関するお知らせ」（二〇一五年四月三日）。

＊5　株式会社東芝「第三者委員会設置のお知らせ」（二〇一五年五月八日）。

＊6　澤邉紀生（二〇二〇）「会計と凡庸なる悪」『日本情報経営学会誌』第四〇巻、第一・二号、三三－四七頁。

第四章

正しさがせめぎ合うこと——品質不正

品質不正のあらまし

本章では、品質不正について取り上げていきます。

品質不正とは、文字通り、製品の品質が何らかの理由で低下する、またはその恐れをもつ不正を指しています。ここで「何らかの理由」と言ったのは、製品が作られるプロセスが段階的であり、それぞれのプロセスにおいて品質が低下する理由が様々だからです。

まず製品が作られるプロセスについては、多くの製品が次のようなものかと思います。大まかに言えば、①材料を仕入れ、②それらを加工し、③製品としての性能を確かめて、④製造・出荷し、⑤消費者が利用する、という流れです。このプロセスのうち、例えば③の性能を確かめることにおいては、検査データや性能データを改ざんする事例が少なくなく、それによって企業が自主回収（リコール）を行うことがあります。

これは第二章で取り上げた燃費不正において見られた典型的な不正になります。二〇一六年から二〇一八年にかけて発生したスズキ、SUBARU、日産などでは、燃費・排ガスに関するデータ改ざんが行われていました。ただし、これはあくまで③の性能を確かめることのみに限定したことですので、③以外の①から⑤において品質不正が確認されることもあります。

さて、本章で取り上げたい品質不正は、製薬業界の品質不正です。製薬業界の品質不正を取り上げるのは、医薬品が私たちになくてはならないものである一方で、ひとたび不正が起きてしまうと人体そのものに直接影響をもたらしやすいためです。

これは燃費不正や会計不正と比べてみても、分かりやすいものです。燃費や会計の不正は、人体そのものに直接影響を及ぼしにくいものです。もちろん、それによって燃費や会計をないがしろにしてもよいわけでは決してないのですが、あくまで私たちの人体への影響を考えた場合に、やはり医薬品の影響は大きいと言わざるを得ません。

製薬業界の品質不正は、とりわけ二〇二一年以降に製薬企業で発生した不正製造を指しています。これらの製薬企業の多くは、ジェネリック医薬品（後発医薬品）を製造していたことから、この不正製造によって病院や薬局でジェネリック医薬品の供給不足が起きるなど、大きな問題となりました。

これらの品質不正事例をまとめてみると、名だたる製薬企業が名を連ねていることが分かります。これは国が定める承認書とは異なる方法で医薬品を製造していたことからも明らか

表4-1　医薬品業界の品質不正事案（2021〜2022年）

発生年月	企業名	概要
2021年2月	小林化工	承認書とは異なる方法で不正に医薬品を製造・販売（業務停止命令）
2021年3月	日医工	承認書とは異なる方法で不正に医薬品を製造・販売（業務停止命令）
2021年8月	久光製薬	規格に適合しない着色料を使用し、製造・販売（業務停止命令）
2021年9月	北日本製薬	承認書とは異なる方法で不正に医薬品を製造・販売（業務停止命令）
2021年10月	長生堂製薬	安全性試験結果の不正処理や承認書とは異なる方法で不正に医薬品を製造・販売（業務停止命令）
2021年12月	日新製薬	承認書に記載のない成分などを用いた医薬品を不正に製造・販売（業務停止命令）
2022年1月	富士製薬工業	承認を受けた試験の一部未実施〈異なる試験での代替〉（業務改善命令）
2022年3月	中新薬業	承認書とは異なる分量の添加剤を使用して医薬品を製造・販売（業務停止命令）
2022年9月	辰巳化学	承認書とは異なる方法で不正に医薬品を製造・販売（業務改善命令）

なように、人体に直接影響のある医薬品の安全・安心が大きく脅かされる事態にまで発展したのです。

それでは、これらの品質不正事例は、一体どのような不正であったのでしょうか。少しここで確認してみたいと思います。

発端となったのは、二〇二〇年一二月から二〇二一年二月にかけて問題となった小林化工の不正製造です。[*1] 小林化工では、抗真菌剤に誤って睡眠剤が混入する不正製造が行われていました。抗真菌剤とは、真菌が増えるのを抑える働きがある薬のことを指しています。

この抗真菌剤の中に、普通は混入しえない睡眠剤が混入していたため、それらを実際に服用した患者などからは、めまいや意識障害などの副作用が複数報告され、大きな問題となったのです。

小林化工が社内調査を行ったところ、製造工程において実際に睡眠剤が混入してしまう可能性がある事態が発見されました。その後、小林化工は製品の自主回収を進めたものの、二四〇名以上の方から健康被害が報告され、小林化工は工場の業務停止と出荷停止を余儀なくされたのです。

他にも、ジェネリック大手の日医工では、品質試験において規格に適合しなかった錠剤などを粉砕して、再び加工することによって医薬品を製造・出荷していたことが分かりました。それらは国が承認した製造方法ではないことから不正製造として明るみになりました。

本来、規格に適合しなかった錠剤などは廃棄しなければなりません。しかし、日医工では廃棄すると損失が出てしまうことから、それらの錠剤を一旦砕いて、もう一度加工することによって規格に適合するようにしていたのです。もちろん、同じ錠剤を砕いているわけですから、品質そのものが改善することはなく、規格に適合するまでそれらを続けていたなどの不正製造が判明したのです。

このようにジェネリック医薬品の製造においては、製薬企業による不正製造が相次いで発覚しました。そのために、製薬企業は業務停止や出荷停止に追い込まれ、ジェネリック医薬品自体の供給量が不足してしまったのです。このような事例に共通しているのは、先にも述べたように、製薬企業がジェネリック医薬品の製造を推し進めていたということでした。

ではなぜ、ジェネリック医薬品の製造を推し進めると、不正製造が増えるのでしょうか。このことをより詳しく考えるために、まずはわが国においてジェネリック医薬品の製造が進められた背景にさかのぼって考えていくことにしましょう。

増え続ける医療費

もともとジェネリック医薬品は、最初に開発・承認された医薬品である「先発医薬品」と同様の有効成分を用いて作られていることで、品質、有効性、安全性などにおいて先発医薬品に勝るとも劣らない医薬品です。

かつ、ジェネリック医薬品は、先発医薬品よりも安く販売されるのが一つのメリットになります。これは、先発医薬品が研究開発や特許出願などに膨大な時間と資金を使用するため

図4-1　国民医療費・対国内総生産比率の年次推移

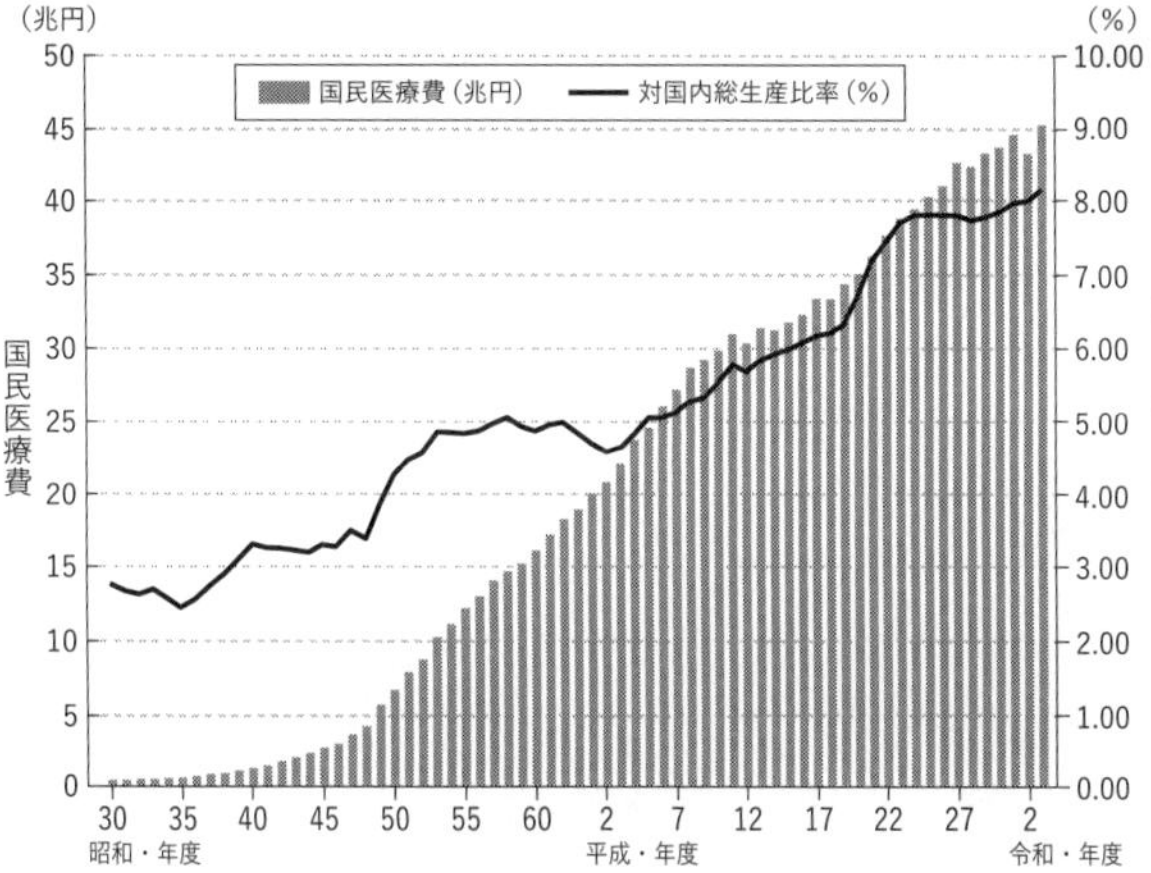

出所）厚生労働省「令和3（2021）年度 国民医療費の概況」より筆者作成。

に製品の価格が高くなりやすいのに対して、ジェネリック医薬品はそれらの特許期限が切れた状態で同じ品質、有効性、安全性を保ちながら製造できるため、比較的安く購入することができるのです。

つまり、ジェネリック医薬品は、先発医薬品の品質、有効性、安全性を保ちながら、わが国の医療費を抑える効果が期待されていたのです。

この背景には、わが国において増え続ける医療費（国民医療費）の問題がありました。わが国では、医療費が右肩上がりに増え続けており、国民一人当たりの負担も増えているのが現状です。

図4－1にあるように、医療費の統計

図４-２　国民医療費、薬剤費等の年次推移

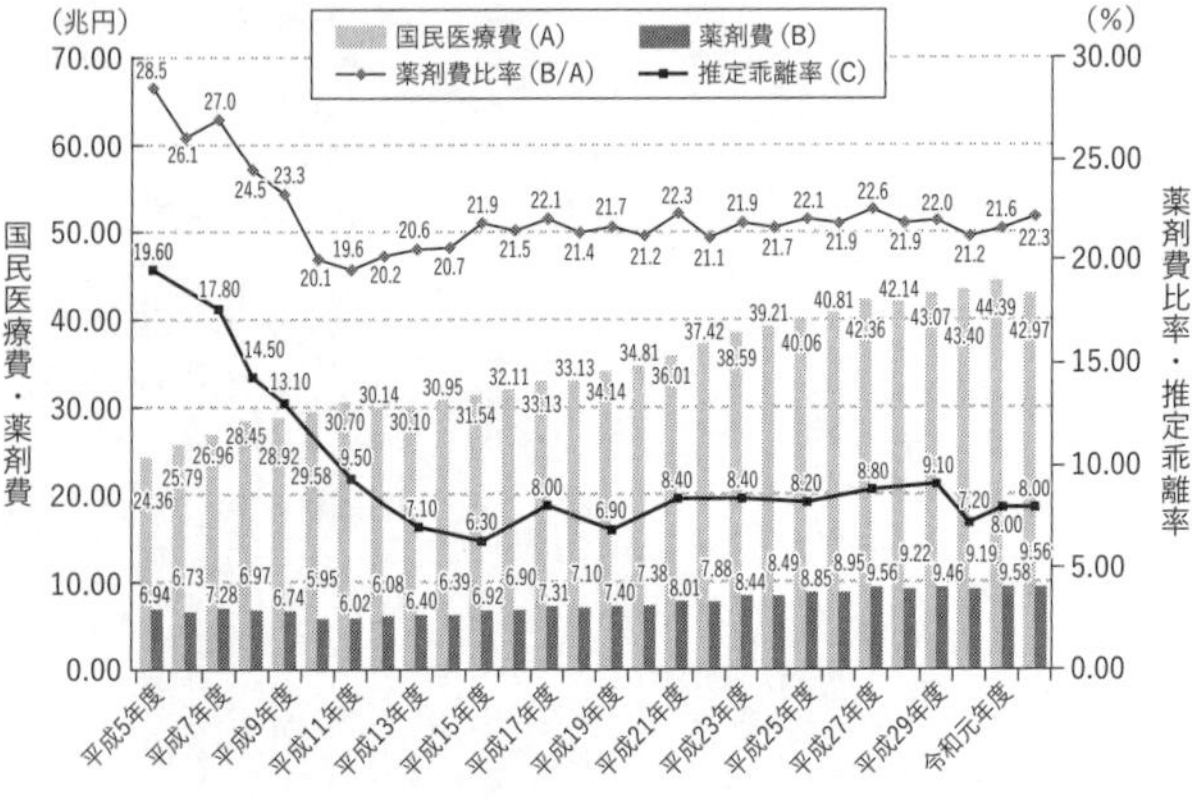

出所）中央社会保険医療協議会薬価専門部会「薬剤費等の年次推移について」より筆者作成。

データを確認すると、[2]令和三年度の医療費は総額で四五兆三五九億円です。これは前年度の四二兆九六六五億円から二兆六九四億円が増えていることになり、四・八％の増加となっています。これを人口一人当たりで算出すれば三五万八八〇〇円となり、前年度の三四万六〇〇〇円に比べて一万八二〇〇円増え、五・三％の増加となっているのです。

ちなみに、図４－２の医療費と薬剤費の関係を見ても、[3]医療費が右肩上がりに増え続ける一方で薬剤費もなだらかに右肩上がりに増え続けていることが分かります。医療費に占める薬剤費の比率（薬剤費比率）を見ても、平成五年度から平成七年度では二五％を超える割合にありましたが、それ以降は二〇～二二％を行き来している状況となっています。

このようにわが国では、医療費が増え続ける状況があります。しかし、国や都道府県は何もしてこなかったのかと言われれば、決してそうではありません。

わが国では、平成二〇年度（二〇〇八年度）を初年度として「医療費適正化計画」が実施されています。これは、高齢者の医療の確保に関する法律に基づいて、「国と都道府県が保険者・医療関係者等の協力を得て、住民の健康増進や医療費の適正化を進めるため、6年を1期として、国において医療費適正化基本方針を定めるとともに、都道府県において医療費適正化計画を定め、目標の達成に向けて、取組を進める」というものです。

つまり、国が医療費の適正化のために基本方針を定め、その具体的な取り組みとしての適正化計画を都道府県レベルで推進していくというものです。

この計画では、二〇〇八年度から二〇一二年度が「第一期」、二〇一三年度から二〇一七年度が「第二期」、二〇一八年度から二〇二三年度が「第三期」、二〇二四年度から二〇二九年度が「第四期」として計画が進められています。

それぞれが多岐にわたるため、ここでの詳述は控えますが、とりわけジェネリック医薬品に関する点で言えば「第四期」の基本方針に次のような文章が記載されています。[*4]

第三期医療費適正化計画では、後発医薬品の使用促進について、令和5年度に使用割合を80％以上にすることを目標として取り組んできた。その後、後発医薬品の使用割合は着実に伸び続けており、こうした状況も踏まえ、「経済財政運営と改革の基本方針2021」（令和3年6月18日閣議決定。以下「骨太方針2021」という。）においても、「後発医薬品の数量シェアを、2023年度末までに全ての都道府県で80％以上とする」こととされた。こうした動きを踏まえ、第四期医療費適正化計画の計画期間においては、まずは医薬品の安定的な供給を基本としつつ、この方針で示す新たな数値目標を踏まえて都道府県においても数値目標を設定し、国と一体となって、後発医薬品を使用することができる環境の整備等の取組を進めることとする。

つまり、「第三期」においてすべての都道府県において数量シェアを八〇％以上とするという目標が、「第四期」においてはさらに推し進められるという背景が見て取れます。

これらは国の基本方針をもとに、都道府県レベルにおいて具体的な計画として推し進められ、さらには製薬企業などで製造が進められるという「国―都道府県―製薬企業」という三

図4-3　後発医薬品の使用割合の推移

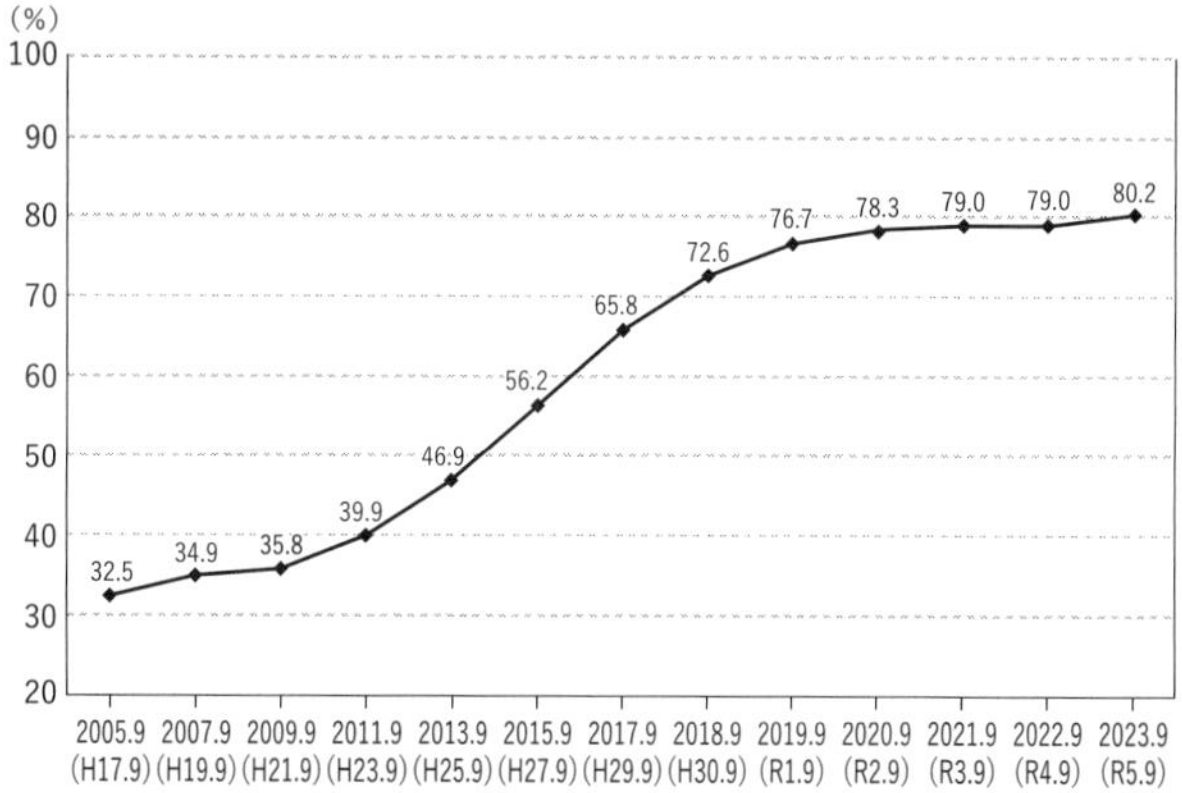

出所）厚生労働省「後発医薬品の使用割合の目標と推移」より筆者作成。

層構造で行われているというところが一つのポイントになるかと思います。

急拡大したジェネリック医薬品とGMP省令の位置づけ

このような背景を受けて、ジェネリック医薬品の製造は急拡大していきました。

厚生労働省が発表している「後発医薬品の使用割合の目標と推移」（図４－３）という資料によれば、二〇〇五年では三二・五％であった使用割合が、二〇一八年には七二・六％、二〇二三年では八〇・二％というように、とりわけ二〇一一年から二〇一九年にかけて急拡大しています。

図4-4　医薬関連の法律・政令・省令の関係

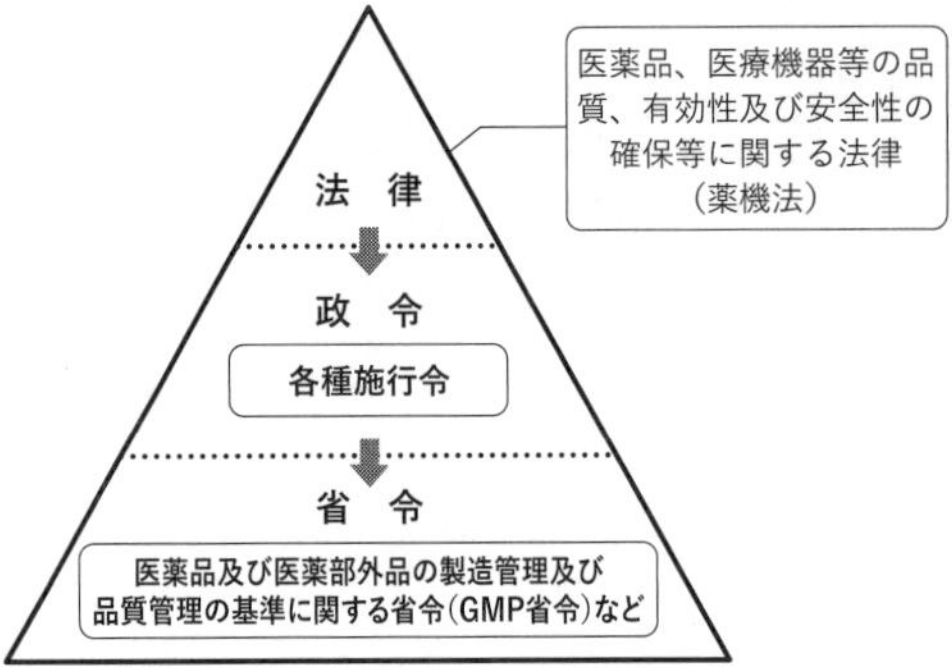

これは先にも述べたように国と都道府県、そして製薬企業のいわゆる三層構造によって増産が進められてきたことに起因していると考えられます。国が方針を出し、都道府県が計画を立て、それらを実行していくのが製薬企業（製造業者等）であるのです。

ただし、一つ理解しなければならないのは、本来医薬品を製造するには多くの法令を遵守しなければならないということです。まず、医薬品を製造する際に、大本になっている法律はいわゆる「薬機法」というもので、正式名称は「医薬品、医療機器等の品質、有効性及び安全性の確保等に関する法律」です。

この法律は、医薬品、医薬部外品、化粧品、医療機器などが製造される際に品質、有効性、安全性を保つために、製造、表示、販売などについて細かな条文が定められている法律になります。ただし、あくまで法律であるため、具体的な要件などは省令において定められているのが現状です。

この省令において、最も重要であるのがいわゆる「ＧＭＰ省令（Good Manufacturing Practice)」（正式名称は「医薬品及び医薬部外品の製造管理及び品質管理の基準に関する省令」）です。これは、その名の通り、医薬品や医薬部外品の製造管理や品質管理について一定の基準を設けるものです。医薬品や医薬部外品は、とりわけ人体に与える影響が大きいことから、その製造や品質については十分に製薬企業（製造業者等）が管理するように基準を定めているのです。

ＧＭＰ省令の限界

小林化工や日医工の不正製造において原因となったのが、製造現場において人員が不足していることでした。人員が不足すれば、一人当たりの業務量は増えてしまいますので、不正製造の温床となります。

ただし、少なくとも小林化工や日医工の不正製造が問題となった二〇二一年初旬頃までは、GMP省令において生産量に対する人員補充の具体的な基準などは定められていなかったのです。[*5]

つまり、ジェネリック医薬品が急拡大する一方で、製造現場においてはどれだけの人員が必要となるのか、あるいはその人員によってどれだけの製造が可能となるのか（不正を起きにくくするためにどれくらいの人員が必要なのか）は、製薬企業ごとにまちまちであった可能性も高く、それによって製造現場が人手不足に陥っていたのです。

このような点から考えると、不正製造の原因を製薬企業（製造業者等）だけに求めるのは大変酷なことと言わざるを得ません。なぜなら、GMP省令において生産量に対する人員補充の具体的な基準が定められていないということは、どの製薬企業（製造業者等）であっても各企業の基準を適用していても問題がないと言えてしまうからです。

仮に人手不足が不正製造の引き金を引いたとしても、その人員補充の管理については製薬企業（製造業者等）に大きく委ねられていたのです。

このような背景から、厚生労働省は小林化工や日医工の不正製造が問題となった二〇二一年七月に「医療用後発医薬品の承認審査時における新たな対応について」という文書を発表しています。大切な文書ですので、次に記しておきたいと思います。[*6]

このうち、特に「2　製造・品質管理体制の確保について」では、GMP省令において具体的に定められていなかった人員配置についてより詳しく説明がなされるとともに、その人員配置を指導する方法についても言及しています。

つまり、GMP省令では人員補充の具体的基準が定められていなかったために、不正製造が明るみになったあとに人員補充の具体的基準が定められたのです。このことから、私は少なくとも製薬企業の製造実態よりも、GMP省令そのものに限界があったのではないかと感じるのです。

医療用後発医薬品の承認審査時における新たな対応について

（令和3年7月2日）

（／薬生薬審発0702第5号／薬生監麻発0702第5号／）

（各都道府県衛生主管部（局）長あて厚生労働省医薬・生活衛生局医薬品審査管理課長、厚生労働省医薬・生活衛生局監視指導・麻薬対策課長通知）

（公印省略）

昨今、医療用後発医薬品において、製造販売承認申請資料に係る不正事案や、製造・品質管理体制の不備に伴う品質問題が発生したことにより、後発医薬品全体の信頼が損なわれている状況にあります。厚生労働省としては、今回の一連の事案の再発を防止する観点で、今後、医療用後発医薬品の承認審査においては下記のとおりの対応としますので、御留意の上、適切な指導を行うとともに、貴管内の製造販売業者及び製造業者に対して周知徹底を図っていただきますようお願いいたします。

記

1 承認申請者の責任及び承認申請資料の信頼性の確認について

医薬品の製造販売承認申請資料については、医薬品、医療機器等の品質、有効性及び安全性の確保等に関する法律施行規則（昭和36年厚生省令第1号。以下「施行規則」という。）第43条に規定する信頼性基準を満たしている必要があり、共同開発の場合であっても自社開発の場合と同様に、承認申請のための試験データや資料を作成・把握する責任がある。

こうした承認申請者の責任をより明確にし、承認申請資料の信頼性を確保するため、今後の後発医薬品の承認審査においては、承認申請時の添付資料として、新たに承認申請資料の信頼性に係る説明資料の提出を求めることとする。具体的には、当該データ等へ実際にアクセスでき、信頼性を確認できる規定が盛り込まれている「共同開発契約書」、さらには「承認申請資料の信頼性を確認したことを説明する資料」として、承認申請書及び承認申請に係る評価資料の各試験結果等について、試験結果等が事実に基づき記載され、施行規則第43条に基づく信頼性基準を満たしているかの確認をいつ、どのような方法により行ったのかを説明する資料の提出を求めることとする。

これらにより、承認申請資料の信頼性が十分に評価・確認できない場合には、承認しないことがある。

2　製造・品質管理体制の確保について

医薬品の製造業者における製造・品質管理体制については、医薬品及び医薬部外品の製造管理及び品質管理の基準に関する省令（平成16年厚生労働省令第１７９号）第６条の規定に基づき、製造・品質管理業務を適正かつ円滑に実施しうる能力を有する責任者及び人員を適切に配置することとされている。

昨今の品質問題の原因の一つとして、適正な人員配置がなされていなかったことが挙げられることを踏まえ、医療用後発医薬品の承認審査時に行われる医薬品、医療機器等の品質、有効性及び安全性の確保等に関する法律（昭和35年法律第１４５号）第14条第7項の規定による適合性調査においては、当該申請品目の製造所における、製造品目数、製造量等に見合った製造・品質管理体制が確保されていることを確認すること。具体的には、生産計画及びその立案プロセス（職員の増員や設備強化の計画を含む。）、医薬品品質システムの照査（マネジメントレビュー）の結果等により、製造品目の追加に伴う製造所の人員配置の状況とその妥当性を確認することが考えられる。

あわせて、医療用後発医薬品を製造する製造業者における人員の配置については、当該申請品目の追加に伴う製造・品質管理体制への影響を考慮したものとするよう指導すること。

なお、製造・品質管理体制の考え方・目安等については別途通知することとする。

3 適用時期

本通知の取扱いは令和3年度第1期（令和3年3月1日～同年8月31日）で申請される医療用後発医薬品から適用する。

なお、現在承認申請中の品目においても、信頼性の程度等に応じ、追加で、承認申請資料適合性書面調査を実施することがあるほか、必要に応じて1及び2の対応を行うことする。

また、二〇二二年一月には、日本製薬団体連合会品質委員会（日薬連品質委員会）から『製造所における人員確保の考え方』について」が発表されました。[*7]

これは品質不正の原因が製造現場などの人員不足であることを踏まえ、当委員会が実際に加盟団体にアンケートを取り作成されたもので（四二五製造所からの回答）、その結果をもとに、①製造部門、②品質保証（QA）部門、③試験検査（QC）部門、④技術担当（製造、試験、設備の変更及び設備の維持管理に関わる担当等）業務の四部門における人員基準を示したものになります。

そこで示されたものとしては、品質部門（QA＋QC）の人員比率が二〇％以上、品質保証（QA）部門が五％以上というものでした。ただし、アンケートで明らかになっているのは、品質部門二〇％に満たない製造所は回答中の三〇・五％あり、品質保証（QA）部門五％に満たない製造所は回答中の二四・三％あったということです。

これらの製造所では、当委員会が設定した基準をもとに人員確保を行うことになっていきましたが、実際にどれだけの人員が確保されなければならないかは各製造所においてもまちまちであることが予想されるため（なぜなら製造所ごとに機械化の程度なども異なるためです）、本来的に人員確保によって不正製造が解消されたのかが不明なままになっています。

ただし、こうした基準が明確になったことは、もともとのＧＭＰ省令からすると進展があったことと言えます。とはいえ、そもそも人員が不足している状況が分かっていれば、ジェネリック医薬品が急拡大したことによる不正製造は起こらなかったのかもしれません。

高すぎた八〇％目標

ここまで述べてきたように、不正製造が明るみになったあとにようやく人員補充の具体的な基準が定められたものと言えます。

しかし本来は、それぞれの製薬企業にあらかじめヒアリングなどを行うことによって現場の状況を確認してから（あるいはジェネリック医薬品の増産を今後行う必要があることを製薬企業に通達し生産体制が整ってから）、ジェネリック医薬品を拡大する必要があったのではないでしょうか。

そうすれば、既成の生産体制においてジェネリック医薬品を生産するのではなく、増産に備えた生産体制をあらかじめ整えた上で製造ができたと考えられるからです。

このような状況から、私は厚生労働省と製薬企業、厚生労働省と都道府県がより対話の機会を増やして、単にトップダウンに方針が出されるのではなくて、「国―都道府県―製薬企業」が協力関係の中で医療費削減の一つの重要施策としてのジェネリック医薬品の増産を行うべきであったのではないかと感じています。

そもそも、このような対話が十分に行われていない中で「骨太方針」が定められ、ジェネリック医薬品の増産がなされたのはなぜなのでしょうか。

もともと「骨太方針」とは、正式名称を「経済財政運営と改革の基本方針」と呼ぶもので、その名の通り、政府の経済財政政策に関する基本的な方針が示されるものです。かつ、この方針が定められるのみならず、経済、財政、行政、社会などの分野において、今後必要となる改革の重要性と方向性が定められるものです。

そのため、この「骨太方針」は毎年発表されているのですが、とりわけジェネリック医薬品の増産で重要となるのは、先述の「骨太方針２０２１」とともに「骨太方針２０１５」であったと言われています。[*8]

というのは、「骨太方針２０１５」において初めて八〇％目標が設定され、それが医療費削減の一つの重要な取り組みになることが明言されたからです。この「薬価・調剤等の診療報酬及び医薬品等に係る改革」は、次の太字部分に示す通りです。

ですが、先にも述べたように、この方針が出る前にきちんと「国—都道府県—製薬企業」が対話を重ねて、本当に品質不正（品質不良）なく八〇％目標を達成しうるのかを十分に熟考すべきであったのではないかと感じてならないのです。

（薬価・調剤等の診療報酬及び医薬品等に係る改革）

後発医薬品に係る数量シェアの目標値については、２０１７年（平成29年）央に70％以上とするとともに、２０１８年度（平成30年度）から２０２０年度（平成32年度）末までの間のなるべく早い時期に80％以上とする。２０１７年央において、その時点の進捗評価を踏まえて、80％以上の目標の達成時期を具体的に決定する。新たな目標の実現に向け、安定供給、品質等に関する信頼性の向上、情報提供の充実、診療報酬上の措置など、必要な追加的な措置を講じる。国民負担を軽減する観点から、後発医薬品の価格算定ルールの見直しを検討するとともに、後発医薬品の価格等を踏まえた特許の切れた先発医薬品の保険制度による評価の仕組みや在り方等について検討する。あわせて、臨床上の必要性が高く将来にわたり継続的に製造販売されることが求められる基礎的な医薬品の安定供給、成長戦略に資する創薬に係るイノベーションの推進、真に有効な新薬の適正な評価等を通じた医薬品産業の国際競争力強化に向けた必要な措置を検討する。

（以下、省略）

これに加えて、医薬品業界では薬の値段（薬価）も下がる傾向にありました。製薬企業の側からすれば、どんどん利益が減少する傾向にあることから、少しでも多く増産していかなければ企業そのものが立ち行かなくなる不安があったのだと思います。

そのような不安の中でジェネリック医薬品を製造しようと思えば、どれだけ多く生産できるかが勝負どころとなるため、製造工程や人員補充にはなかなか目が向かなかった（それどころではなかった）のではないかと感じるのです。

話を戻すと、いきなり掲げられた八〇％目標は、やはり高すぎる目標であったと思います。このような指摘をされている専門家に武藤正樹先生がいらっしゃいます。武藤先生は、日本ジェネリック医薬品・バイオシミラー学会の代表理事であり、厚生労働省の「後発医薬品の安定供給等の実現に向けた産業構造のあり方に関する検討会」の座長も務められている方です。

武藤先生も同様にこの八〇%目標が高すぎたことを指摘されており、かつ不正製造の原因は（製薬企業のガバナンスの問題などではなく）ジェネリック医薬品の増産に対して製薬企業の製造体制の整備が間に合わなかった（後手に回ってしまった）ことに言及されています。[*9]

何より武藤先生は、「骨太方針２０１５」において八〇%目標を設定する際の作業部会のメンバーであったため、この八〇%目標を設定したことに対して反省の弁を述べられています。

正しい生産拡大と正しい品質管理のはざまで

ここまでの話をもとに、ここからは製薬企業でどのようなことが起きており、かつ不正製造に至ってしまったのかを考えてみましょう。あらかじめ断っておきたいのは、これはあくまで私が各種の資料や文献に基づいて考えたことであり、製薬企業の方々に実際に話を伺ったことではないということです。

ただし、仮に製薬企業の方々に話を伺ったとしても、私がこれから述べることはなかなか言いづらい環境にあるはずです。というのは、これから述べることは製薬企業の側からは「言いにくいこと」に該当するものであり、それを語ることは難しいからです。

もちろん、それでも何かしら意見を述べてくださる方はいるかもしれません。ただし、自分自身や自分の会社の立場がまずくなることが分かった上で、率直に意見を述べてくださる方はなかなかおられないようにも思うのです（もし、おられた場合には、是非私までご連絡いただきたいとも思う次第です）。

さて、それらを踏まえた上で、ここからは製薬企業の立場について考えていきます。ここまでの議論の要点を押さえておくと、次の三点に集約できます。

一．わが国では「医療費の削減」を目的として、ジェネリック医薬品の生産拡大が急務となっていた。とりわけ政府の「骨太方針２０１５」では二〇二〇年度末までのなるべく早い時期までに八〇％以上のシェアを達成するよう目標が定められていた。

二．製薬企業においても、この時期にジェネリック医薬品の生産拡大を推し進めた。ただし、ＧＭＰ省令においては人員補充の具体的基準は明確に定められていなかった。また、薬価（薬の値段）も下がる傾向にあったため、製薬企業においては生産拡大をしなければ利益が減少するリスクもあった。

三．このような状況において、とりわけ二〇二〇年から二〇二一年にかけて小林化工や日医工の不正製造の問題が明るみになった。このことから、厚生労働省や日薬連品質委員会からは、品質不正の原因が製造現場の人員不足であることを踏まえ、人員補充の具体的基準が定められるようになった。

このことを考えた時、製薬企業が生産拡大することというのは、ある意味で「正しさ」そのものであったのではないかと思います。理由は簡単で、政府の方針もさることながら、「医療費の削減」という大義名分がありますから、国民一人ひとりの医療費の負担を下げるためにジェネリック医薬品を生産拡大するのは、経営的な「正しさ」であるからです。

もし、皆さんの会社が同じような状況にあった場合、医療費の削減のために生産拡大するのは自然なことではないでしょうか。

反対に医療費が削減できると分かっているにもかかわらず、かつ政府の方針としてもジェネリック医薬品を増やすことが謳われているにもかかわらず、生産拡大しない企業があるとすれば、（製薬企業とは言えども）一体何のために医薬品を製造するのかが分からなくなってしまうのではないでしょうか。このことから、私は製薬企業がジェネリック医薬品を生産拡大したことそのものについては異論ありません。

その一方で、製薬企業は各種の法律や省令に基づいて品質管理を進めていたはずです。品質管理を行うのは、医薬品の品質、有効性、安全性を保つためであり、製薬企業としては必須の事項であると言えます。かつ、（結果的に人員不足であったとしても）GMP省令そのものには人員補充の具体的基準が定められていなかったことを踏まえると、製薬企業ごとに製造現場において最低限の品質管理を実行できていたという認識であったのではないかとも感じます。このことから、品質管理についても製薬企業が行ってきたことは決してないがしろにしてもよいものではなく、むしろGMP省令に基づくという点においては「正しさ」があったのではないかと思います。

しかし、結果的に不正製造は起きてしまったのです。

このことから考えうるのは、生産拡大することと品質管理を徹底することが、製薬企業において相反する事態になっていなかったかどうかという点です。そして、この相反する事態があったとしても、それは製薬企業「だけ」に原因を帰するのではなく（武藤先生がおっしゃるようにガバナンスだけの問題ではなく）、なぜこのような事態に至ったのかを構造的な要因から探っていかなければならないのです。

一般的には、「生産拡大する際には、品質管理を徹底すれば不正製造は減らせる」と思われがちです。しかし、「一気に」生産拡大しようと思えば、生産力を維持・拡大することに製薬企業は取り組みますから、品質管理が犠牲になってしまうのは言わば仕方がないとも考えられるのです。品質管理には、機械を導入するだけではなく、そこに人員も相当程度投入しなければなりません。生産を増やすためにも人員が必要であるのに、品質管理も人員が必要だと言われると、なかなかそこに人員を投入できないというのが企業の論理ではないかと思うのです。

生産拡大も品質管理も、どちらもやらなければならないのは当然ですが、しかし企業は無限に経営資源（ヒト、モノ、カネ、情報、そして時間）を有しているのではありません。むしろ、企業において経営資源は限られたもので、その限られた中で何を、いつ、どのように、なぜ利用するのかを一生懸命に考えているのが企業の実像であると思われます。

結果的に言えば、おそらく品質管理に重きを置いていた製薬企業も、「骨太方針２０１５」以後ではそれが難しくなったはずです。なぜなら、国も、都道府県も、さらには消費者もジェネリック医薬品を作った方がいいという、ある種の「正しさ」で製薬企業に眼差しを向けているわけですから、そこで生産拡大をせずに品質管理を徹底する（品質管理に時間をかける）ことはありえない状況だったからです。

必要だったのは言葉と時間

不正製造の原因は、たしかに人員不足であったかもしれません。しかし、より根本的には「国—都道府県—製薬企業」の関係において、もう少し対話（言葉）に時間をかけてもよかったはずです。つまり、表面的には、人員不足が原因であるかもしれないのですが、それを製薬企業だけの問題にするのではない場合、「国—都道府県—製薬企業」がそれぞれ対話（言葉）を重ねて、かつ生産拡大するために必要な時間をかけなければならなかったのです。というのは、国から都道府県へ、都道府県から製薬企業へという風に方針が出されたとしても、実際に製薬企業の製造現場ではその方針を達成するのに十分な設備投資が行われているのかについての議論がやはり欠けているからです。

その背後には、生産拡大も品質管理も「製薬企業が自分たちで考えること・整えること」

と暗に示されていることがあり、方針は出されるもののあとの実施は製造現場に委ねられる一方だったとも感じるからです。

かつ、八〇％目標も高すぎるというよりは、八〇％目標を達成するには製造現場の状況（追加的な設備投資があることを踏まえて）において、どれくらいの時間が本来的に必要であるのかがほとんど議論されてこなかったのです。このように「現場なき方針」が進められてしまうと、現場は不正な方法でなければ生産拡大ができない状況に追いやられてしまうと考えられないでしょうか。

ですから、やはり必要だったのは、人員不足というよりも、それを含めた経営資源を準備するための対話（言葉）と時間であったと言えます。このことをここで指摘しておかなければ、構造的に不正製造は持続してしまうかもしれないのです。

不正製造が行われていたのが人員不足であっても、人員不足というのは〝結果〟であって〝原因〟ではない場合もあります。〝結果的に〟人員が不足していた、それが調査の結果分かったかもしれないということは否定しません。

しかし、それはあくまで〝結果〟であって、より構造的＝環境的な事柄に目を向けてみると、そもそも方針を実行するに足る経営資源が製薬企業に保有できていたのかという点に疑問符が付きます。その時に初めて人員不足は原因ではなくて〝結果〟であったこと、そして本来的な〝原因〟というのは、対話（言葉）と時間が不足していることではないかということなのです。

突き詰めて考えれば、何が〝結果〟で何が〝原因〟であるのかは線引きが難しいところではあります。ただし、このまま人員が補充されたとしても、「現場なき方針」が出され続けてしまえば、設備投資がなされぬまま、また同じ不正製造が繰り返されるとも容易に考えられるのです。

もし、多くの人が「不正製造は多少あっても（それによってめまいや意識障害がある人が増えたとしても）生産拡大すればいい」と考えるのであれば、話は別です。しかし、私はそうは思いません。読者の皆さんも同じ意見かと思います。ですから、一体何が〝原因〟であるのかを考え続けること、そしてその〝原因〟を突き止めて改善し続けることは、これまでも、これからもずっと必要なことなのです。

＊1　特別調査委員会「調査結果報告書（概要版）」（二〇二一年四月一六日）。

＊2　厚生労働省「令和3（2021）年度　国民医療費の概況」（二〇二三年一〇月二四日）。
＊3　中央社会保険医療協議会薬価専門部会（第二〇七回）「薬剤費等の年次推移について」（二〇二三年八月二三日）。
＊4　厚生労働省「医療費適正化に関する施策についての基本的な方針」（令和五年七月二〇日厚生労働省告示第二三四号）。
＊5　飛田勇輝・山本剛・工藤俊明・湯本貴文（二〇二二）「近年の医薬品製造所における不正事案と再発防止策」『保健医療科学』第七一巻、第二号、一四〇－一四六頁。
＊6　厚生労働省「医療用後発医薬品の承認審査時における新たな対応について」（二〇二一年七月二日）。
＊7　日本製薬団体連合会品質委員会「『製造所における人員確保の考え方』について」（二〇二二年一月三一日）。
＊8　経済財政諮問会議「経済財政運営と改革の基本方針2015～経済再生なくして財政健全化なし～」（二〇一五年六月三〇日閣議決定）。
＊9　ＮＨＫ富山局医薬品取材班「ジェネリック医薬品問題②不正の背景は?･専門家に聞く」（二〇二三年二月一五日）。

第五章　正しさをつらぬくこと——軍事転用不正

軍事転用不正のあらまし

本章では、軍事転用不正について取り上げていきます。

読者の皆さんの中には、軍事転用不正について聞き慣れない方もいらっしゃるかもしれません。しかしながら、この軍事転用不正こそ、いつ、どこで、どのように、誰に、なぜ起きるのかが分からない組織不正であり、そうである以上、私は誰しもの問題であると考えています。

もともと、軍事転用とは、わが国から海外に輸出された製品が輸出先の国において戦争やテロなどに利用されてしまうことを指しています。このような軍事転用を防ぐため、わが国では安全保障貿易管理制度が設けられています。

この制度の目的は、「我が国を含む国際的な平和及び安全を維持すること、並びに懸念取引等に自社が巻き込まれるリスクを回避すること」とされています。[*1]

これは、海外に輸出された製品が、国際的な平和や安全を脅かすことのないよう、安全保障と貿易管理の両方を同時に達成しようとするものです。

経済産業省が発表している「安全保障貿易管理ガイダンス［入門編］」では、この制度について次のように述べられています。[*2]

我が国を含む先進国が保有する高度な貨物や技術が、大量破壊兵器等の開発等を行っているような国家やテロリストに渡ること、また通常兵器を過剰に蓄積されることなどの国際的な脅威を未然に防ぐために、安全保障貿易管理が必要になります。
仮にこのような取引に自社が巻き込まれ報道等がなされれば、国内外からの批判といったことに加え、組織イメージの悪化等により業績が落ち込み、企業の存続に関わる可能性もあります。そうしたリスク回避の観点からも、安全保障貿易管理は不可欠と言えます。

こうした安全保障貿易管理は、先進国を中心とした国際的な枠組みである「国際輸出管理レジーム」の下で厳格に管理が行われています。これは簡単に言えば、「海外への輸出を行う場合には、各国で取り決めた輸出上のルールに基づいて、きちんと製品の管理を行いましょう」ということです。

わが国では、これらのレジームが作成する国際基準などを参考にしながら、国際的な輸出

表5-1　国際輸出管理レジームの概要（2021年3月時点）

	大量破壊兵器関連			通常兵器関連
	核兵器	生物・化学兵器	ミサイル	
国際輸出管理レジーム	NSG〔原子力供給国グループ〕	AG〔オーストラリア・グループ〕	MTCR〔ミサイル技術管理レジーム〕	WA〔ワッセナー・アレジメント〕
発足年	1978年	1985年	1987年	1996年
参加国・機関	48カ国	42カ国及びEU	35カ国	42カ国

出所）経済産業省「安全保障貿易管理ガイダンス［入門編］」より筆者作成。

管理を行っています。国際社会における主要なレジームは、二〇二一年三月時点で表5－1のようなものとなっています。

それでは、わが国においてどのようにこの制度が運用されているのでしょうか。

安全保障貿易管理制度は、わが国において外為法を含む以下の法令において実施されています。これらはまず外為法が定められているのに加えて、貨物を対象とした「輸出貿易管理令」と技術を対象とした「外国為替令」が政令として定められ、そして「貨物等省令」が定められていると言えます。すなわち、外為法を法律として、政令や省令などにおいてわれわれが守らなければならないルールが決められているのです。

このような外為法に基づく規制は、「リスト規制」と「キャッチオール規制」の二つによって行われ、こ

図 5 - 1　安全保障貿易管理制度の全体

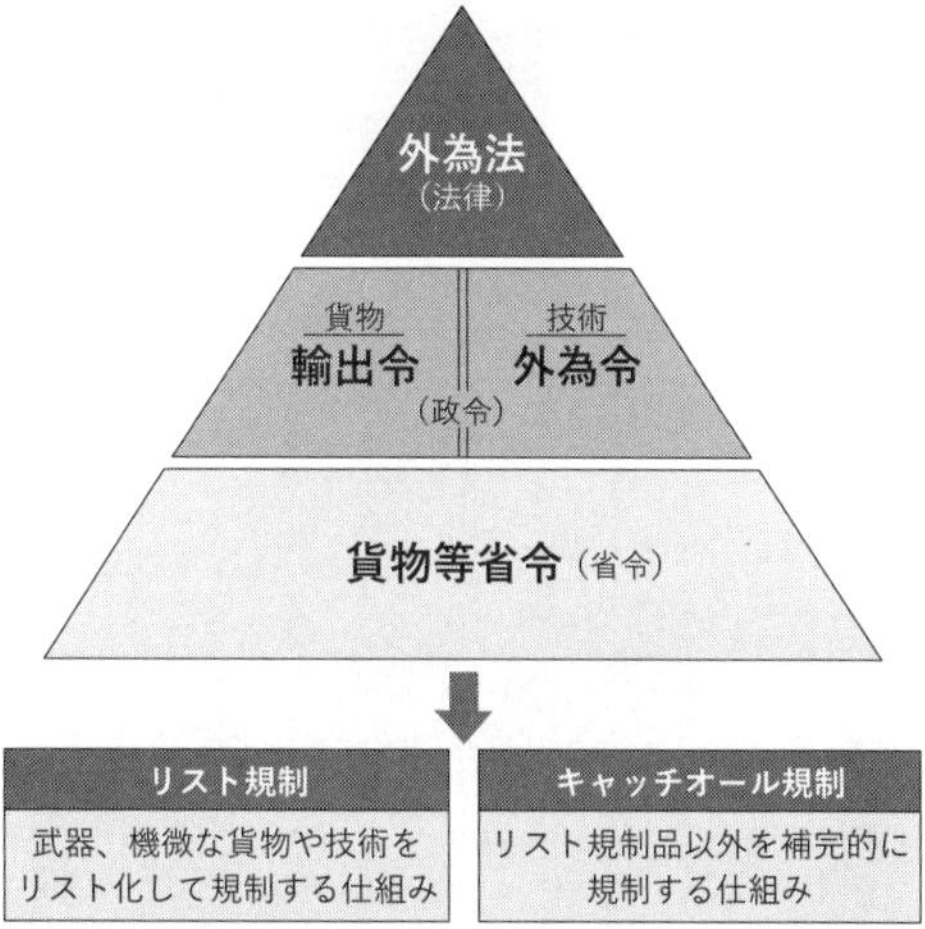

出所）経済産業省「安全保障貿易管理ガイダンス［入門編］」より筆者作成。

れらの規制に該当する貨物の輸出や技術の提供は、経済産業大臣の許可が必要になります。

このような法令等の下、とりわけ二〇二〇年から二〇二一年にかけて、外為法違反（疑いも含め）の事例が確認されるようになりました。少し事例を確認したいと思います。

二〇二一年七月、精密機械メーカー「利根川精工」と男性社長が、自社で製造していた高性能モーターを中国企業に無許可で輸出しようとしたとして警視庁公安部に外為法違反（無許可輸出未遂）の疑いで書類送検されました。[*3]

この高性能モーターは、電子信号を

受信してドローンの動きを制御できるもので、これらが軍事目的で転用可能であると判断されたのです（ただし、本件は、結果的に不起訴となっています）[*4]。

また、二〇二一年一一月には、水産用機器の製造会社「ソニック」の元取締役の男性ら三名が、自社で製造していた「ソナー」と呼ばれる水中探知装置を、チリの海産物加工会社に不正に輸出した疑いがあるとして外為法違反容疑で逮捕されました[*5]。

この「ソナー」は、大型船舶などに搭載される装置で、音波を使って水中の魚類や障害物を発見するために使用されるものです。

しかし、探知可能距離が五一二〇メートルを超えるものについては軍事目的で転用される恐れがあるとして、男性ら三名は外為法違反容疑で逮捕されました。本件は、結果的に神戸区検察庁によって略式起訴され、神戸簡易裁判所によって罰金一〇〇万円の略式命令が出されています[*6]。

このような軍事転用が行われていることは（あるいは、その疑いがあることは）、わが国の安全保障と貿易管理の両面から見て、決して好ましいものとは言えません。

しかし、ここで問題となるのは、ある組織が製造・出荷している製品が外為法に違反するかどうかは捜査機関の判断に大きく左右されるということです。

先にも見たように、こうした軍事転用不正を管理するのは、監督省庁である経済産業省です。しかし、時として捜査機関は、経済産業省の判断を超えて（あるいは経済産業省とやり取りすることによって）軍事転用不正に関する事案を独自に捜査し、立件（＝事件化）へとつなげることがあるのです。

つまり、いくら組織や経済産業省が軍事転用可能な輸出ではないと主張していても、捜査機関がどのように考えるかによって外為法違反容疑での立件が可能となってしまうのです。皆さんの組織において、このような立件が行われた場合、どのようにお感じになるでしょうか。まさに「寝耳に水」ではないでしょうか。

つまり、「自分たちの製品はこういう理由で外為法に違反しない」と考えていたとしても、ある日突然、捜査機関によって逮捕や起訴されてしまうことがあるのです。

これは、第一章で述べた「立件型不正」の典型です。組織不正には組織に明確な発生原因のある「発生型不正」だけではなく、捜査機関があらかじめ立件することを決めてかかり、その逮捕や起訴に乗り出す「立件型不正」があります。

この場合、組織がいくら自分たちは外為法に違反しないと「正しい」意見を述べたとしても、捜査機関は立件することが「正しい」と断定して半ば強引な捜査を行ってしまうのです。かつ、このような組織の「正しい」意見は、捜査過程において少なからず犠牲にされることもあり、問題視されています。

第一章でも述べたように、こうした「立件型不正」は冤罪につながりやすく、本来無実である人が逮捕されたり、長期間にわたる身体拘束が行われてしまうことが問題となっています。

これから詳しく見ていく大川原化工機事件は、まさにこのような「立件型不正」によって冤罪が生まれたケースとなりました。かつ、大川原化工機には、長期間にわたる身体拘束によって病状が進行し、適切な治療がなされず、亡くなられた方もいます。

このような問題が、現在でもなお多くの日本の組織（とりわけ製造業）を襲う危険性があることを、私は経営学者として問題にしなければならないと思っています。

そのため、ここからは大川原化工機事件を題材に、どうすればこのような問題を防ぐことができるのか、あるいは強引な起訴や捜査が行われた場合、どうすれば自分の身や組織の安全を守ることができるのか。そのことを考えてみたいと思います。

大川原化工機を襲った軍事転用不正の疑い

大川原化工機は、もともと噴霧乾燥技術のリーディングカンパニーであり、国内外に多くの噴霧乾燥機（スプレードライヤ）を納入してきた企業です。[*7] 一九八〇年の創業当初より噴霧乾燥機部門に注力しており、技術改良と独自の技術開発を行いながら、現在の噴霧乾燥技術の下地を作ってきました。[*8]

この噴霧乾燥機とは、簡単に言えば、液体を乾燥し、粉にするための装置です。液体を細かい霧状に噴霧（吹き付け）して、熱風と効率良く接触させることにより、水分を蒸発させて、短時間で粉状の製品を作り出すのです。例えば、牛乳を噴霧すれば粉ミルクを、コーヒーを噴霧すればインスタントコーヒーを作ることができます。[*9]

このような粉ミルクやインスタントコーヒーは、私たちの身近な製品でもあるため、こうした噴霧乾燥技術が私たちの日常生活を支えていることは想像に難くないと言えるでしょう。何より、液体であれば重く短期間しか保存できないのに対して、粉であればより軽く長期間保存できるのですから、流通や販売において大変重要な技術であると言えます。

大川原化工機は、こうした噴霧乾燥技術によって、国内でも高いシェアを誇り、中国をはじめとした海外三カ国一地域の拠点をもつリーディングカンパニーとなっていたのです。

ところが、ある日突然、悲劇が襲いました。

二〇二〇年三月一一日、大川原化工機の役員を務めていた大川原正明さん、島田順司さん、相嶋静夫さんが警視庁公安部によって逮捕されてしまったのです。同月三一日には、外為法違反の疑いで起訴されています。

この原因は、国際基準のあいまいさにありました。[*10] 先に説明したように、わが国においては、ある製品が軍事転用可能かどうかを国際輸出管理レジームの国際基準に基づいて法規制がなされています。生物・化学兵器については、「AG（オーストラリア・グループ）」の規制リスト（control list）に国際基準が定められていました。

この規制リストでは、「装置を分解しないで滅菌（sterilized）または化学物質による消毒（disinfected）ができる装置」が規制対象となっていました。しかしながら、わが国では規制リストに基づいた省令において、この化学物質による消毒を意味するdisinfectedが、あいまいな概念である「殺菌」と訳されてしまい、化学物質に限らない消毒で「殺菌」ができてしまう解釈の余地を残していたのです。

そのため、化学物質による消毒を行わない噴霧乾燥機も「殺菌」機能をもつと考えられてしまったのです。

大川原化工機をはじめとする産業界では、「殺菌」とはすなわち化学物質による消毒以外にないと考えられていました。しかし、わが国の省令においてきちんと「殺菌」が何かを定めていなかったがために、警視庁公安部によって大川原化工機の噴霧乾燥機が軍事転用可能であると考えられてしまったのです。

ただし、こうした危険性もあることを踏まえて、大川原化工機は二〇一八年一〇月頃から行われた捜査において全面的に協力していました。逮捕されるまでの約一年半において、資料も多数提出し、任意の取り調べも受けていました。かつ、その取り調べは役員・従業員五〇名が対象となり、合計で二九一回に及んだとされています。[*11]

もちろん、大川原化工機では、この捜査において噴霧乾燥機が軍事転用可能な製品ではないことを主張してきました。

本件は結果的に一審において冤罪であったことが明らかになっていますが、なぜ警視庁公安部は大川原化工機にこだわらなければならなかったのか。以下では、警視庁公安部が逮捕に至るまでに行った経済産業省との調整や捜査についての経緯を確認していきたいと思います。

引くに引けない状況に陥った警視庁公安部

なぜ、警視庁公安部は大川原化工機を狙ったのか。そこには警視庁公安部の組織的問題が潜んでいたと考えられます。

ここでは、この警視庁公安部の組織的問題を独自調査によって明らかにしたNHKの検証番組と、[*12]この検証番組を制作したディレクターである石原大史氏による詳細な文書[*13]を中心に、それらを紐解いてみたいと思います。

NHKが独自調査を行ったのは、警視庁公安部が内偵捜査を始めた二〇一七年春頃から大川原さんら三名が逮捕・起訴されるに至った二〇二〇年三月末までの三年間になります。この逮捕までの期間で起きたのは、主に次のような出来事でした。

事件の経緯（内偵捜査から逮捕まで）

二〇一七年春頃　　　　警視庁公安部外事第一課　内偵捜査に着手
　　一〇月　六日　第五係と経済産業省打ち合せを開始
二〇一八年八月一〇日　経済産業省　公安部外事第一課へ回答
　　一〇月　三日　警視庁公安部　大川原化工機へ強制捜査
　　一二月　　　　大川原化工機役員らの事情聴取開始
二〇一九年五月　九日　L-8i 温度測定実験
二〇二〇年三月一一日　大川原さんら三名の逮捕

これらを説明していくために、まず警視庁公安部がどのような組織であるのかを説明しておきたいと思います。警視庁公安部は、東京都公安委員会、警視総監、副総監の下に位置する部門の一つであり、その名の通り公安を司る一部門になります。この公安部の下には、さらに細かく課が配置されており、その一つである外事第一課が大川原化工機事件を取り扱っていたとされます。

外事第一課とは、ロシアやヨーロッパなどの諜報活動を捜査対象とする課であり、その下には第一係から第五係まで個別の担当が割り当てられています。このうち、第五係が不正輸

図5-2　警視庁公安部の組織図

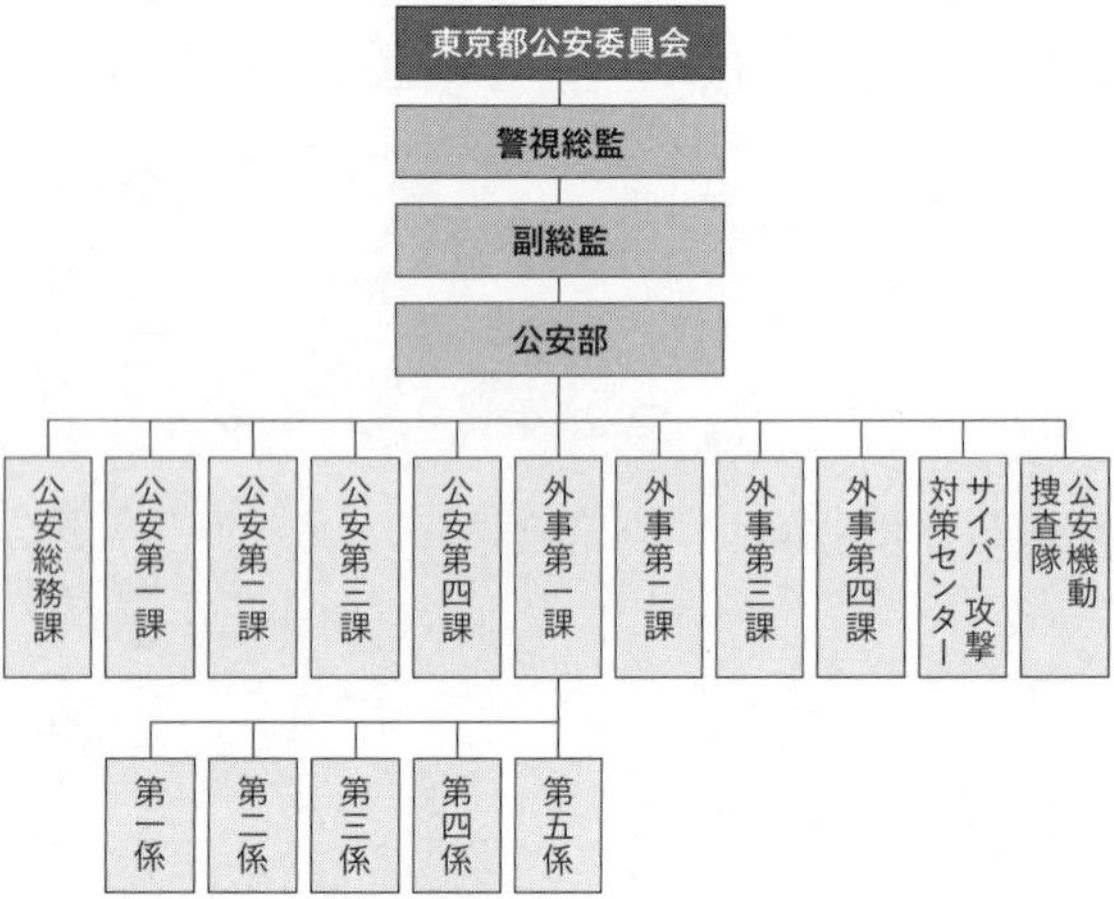

出所）『NHKスペシャル“冤罪”の深層』より筆者作成。

出を担当していたとされ、管理官や係長、そして捜査員が約二〇名程度在籍していたと言われています。

では、なぜ第五係は大川原化工機の噴霧乾燥機が軍事転用されていると考えたのでしょうか。

当時、第五係は、第五係長と警部補Zを中心に大川原化工機の噴霧乾燥機が中国で軍事転用されているのではないかと考えていました。警部補Zは、大川原化工機の合弁先の親会社が軍事組織であることを理由に島田さんにその旨を伝えたとされています。

しかし、その質問を受けた島田さんが詳細な納入リストをすべて調べたところ、そのような事実はなかったと言われています。そのため、島田さんは軍事転用されていると いう証拠を提出してほしいと依頼したところ、結局その証拠も提出されなかったのです。したがって、なぜ大川原化工機の噴霧乾燥機が軍事転用されていると考えられたのかについて大きな疑問が残ることになったのです。

第五係と経済産業省は、二〇一七年一〇月から二〇一八年二月の期間で計一三回の打ち合わせを実施していました。

先にも述べたように、第五係は噴霧乾燥機が「殺菌」が可能な製品であるとして規制に該当すると考えていました。その確認を経済産業省に求めたのです。

しかし、第五係が考える「殺菌」とは、化学物質による消毒ではなく噴霧乾燥機に備わった熱風を使った「殺菌」であり、半ば強引な「殺菌」解釈によって捜査を進めようとしていたのです。

こうした姿勢に対して経済産業省は難色を示していました。というのは、仮に大川原化工機が経済産業大臣の許可を得ていない状態で輸出したとする外為法違反であったとしても、経済産業省はその事実を明らかにし、再発防止を目的とした「事後審査」を行う必要があっためです。

もし、「事後審査」を経済産業省が行っていない段階で警視庁公安部が立件してしまうと経済産業省の不備が明らかになってしまうのです。

したがって、二〇一七年一一月の時点で、経済産業省において安全保障貿易管理を進める課長補佐は、「法令には不備がある。省令が曖昧で、解釈もはっきりしない。まずは法令の改正やオーストラリア・グループへの提案が先だ」と主張していたとされます。

しかし、第五係は、すでに三〇名規模の体制で捜査を進めていたため、捜査を中止することはなかったのです。その後、警視庁公安部が経済産業省へ働きかけ、経済産業省もそれに納得し、最終的に二〇一八年一〇月に大川原化工機への強制捜査が行われたのです。


それではなぜ、経済産業省は警視庁公安部からの働きかけに応じたのでしょうか。

第五係は、難色を示していた経済産業省に対して外部の専門家からの見解を提示し、少なくとも強制捜査（ガサ入れ）をできるように働きかけたと言われています。

この専門家への意見聴取を行った警部補Zは、合計で四名の専門家への意見聴取を行い、その結果をまとめた報告書を作成したのです。それらの報告書は、専門家が「規制に該当する」という第五係の独自解釈を支持するように作成されていました。

しかし、それらの報告書は、専門家の意見を反映したものではなく、かつ専門家に対して事前確認を行ったものではないことが明らかになっています。[*14] つまり、警部補Zは、「規制に該当する」という独自解釈を前面に出した報告書を捏造し、経済産業省をだましていたのです。

そうした状況において、経済産業省は少なくとも強制捜査（ガサ入れ）を認めざるを得ない状況に追い込まれました。この段階で経済産業省は、強制捜査（ガサ入れ）をした結果において外為法違反ではない別件で大川原化工機を逮捕、起訴しうるかもしれないという見込みをもっていたとも言われています。そうでなければ、監督官庁である経済産業省の立場が危うくなるためです。このような状況において経済産業省は、二〇一八年二月の時点で「ガサ（強制捜査）はいい」と述べたと言われています。

第五係では、第五係長と警部補Zを中心に捜査が進められていました。しかし、そうした中でも同様に捜査を行っていた警部補のXやYは、第五係長や警部補Zの捜査のやり方に疑問を感じていたのです。

例えば、警部補Xは二〇二三年六月の証人尋問において「まあ、捏造ですね」と語っており、同様にYも捜査の問題点を指摘していました。このように捜査を行った人物すべてが大川原化工機の噴霧乾燥機が軍事転用可能であるとは考えておらず、決して第五係や警視庁公安部も一枚岩ではなかったと考えられるのです。

しかし、第五係長や警部補Zはある種盲目的に捜査を進めていたと言われています。第五係以外の警視庁関係者を説得し、その捜査の「正しさ」を主張していったのです。こうした状況は、約三〇名体制での大人数での捜査体制が組まれていたことからも想像ができます。[*15]

こうした中で、大川原さんら三名は、二〇二〇年三月一一日に逮捕されてしまったのです。

かつ、この逮捕に至るまでの期間、すなわち二〇一八年一二月から二〇二〇年三月までの任意の取り調べにおいても、強引な供述調書の作成がなされており、いくら修正を求めても、その修正をしないか、もしくは修正した箇所に加えて、あらぬ内容を付け加えるなどのことがなされていたと言われています。

このように、いくら噴霧乾燥機が厳密に「殺菌」できるものではないと主張したとしても、それが修正されなかったり、修正されたところに誤った内容が記載されることについて、皆さんならどのように思われるでしょうか。私は少なくとも、その供述調書の作成自体が違法性をもつものと考えざるを得ません。そして、こうした危険性は、何より私たちの身近な生活に及ぶものとなっています。そのため、以下では、とりわけ島田さんに対してなされた違法な取り調べを確認しながら、その危険性について理解していきたいと思います。

違法な取り調べと恣意的な供述調書の作成

島田さんへなされた違法な取り調べについては、大川原化工機の弁護を行った和田倉門法律事務所によって公開されています。[*16]

島田さんへの取り調べを行ったとされる警部補Zは、二〇一八年一二月から二〇二〇年三月までの合計三五回の任意での取り調べを行い、逮捕直後に島田さんについての弁解録取を行ったとされています。

この弁解録取とは、逮捕直後に警察が行う取り調べのことで、被疑者である島田さんの言い分を聞き取りながら「弁解録取書」という文書が作成されることになっています。

そのため、重要であるのは、（一）任意の取り調べにおける供述調書がどのように作成されたのかという点と、（二）逮捕直後の弁解録取書がどのように作成されたのかという点の二点になります。

まず、（一）についてです。本来取り調べにおいては、被疑者である島田さんが実際に行った発言がまとめられることとなっています。しかし、警部補Zは、取り調べの開始前におおむね文章を作成し、それを島田さんに示し、確認を求めたとされています。

しかも、それは被疑者である島田さんの発言を踏まえるものであるどころか、まったくもって捜査機関に有利かつ虚偽の事実をちりばめたものとなっていたのです。

さらに、島田さんがそれらを指摘する機会をなるべく少なくしたり、あるいは修正そのものに応じなかったこともあったと言われています。このような恣意的な供述調書の作成は、大きくは次の四点にまとめられています。

一・島田さんが調書に記載されている内容の修正を求めた際、「じゃあそこは消すけど、代わりに他の箇所に同じ文言を入れるからね」、「じゃあその内容は入れてあげるけど、代わりにその内容（島田さんが発言していない内容）も入れるからね」と修正について交換条件を示して、島田さんが受け入れない限りは修正しなかった。

二．島田さんが噴霧乾燥機について内部の粉が外部に飛ばない構造で、かつ定置洗浄機能（Cleaning In Place: CIP）を備えた薬液消毒可能なものであると考えていたことを何度も説明し、それを供述調書に記載するように何度も要求したにもかかわらず、これに一切応じなかった。

三．島田さんが供述調書にあった「無許可で輸出した」という記載を、「ガイダンスに従って非該当と判断し許可が必要でないと思い、無許可で輸出した」との記載に変更するよう何度も依頼したが、警部補Ｚはこれに一切応じなかった。

四．島田さんが、空焚き（噴霧乾燥後の乾熱運転）による殺菌は業界において非常識であり、島田さん自身も一切発想したことがなかったことを何度も説明し、これをその通りに調書に記載するよう何度も求めたにもかかわらず、これに一切応じなかった。

＊定置洗浄機能（ＣＩＰ）とは、噴霧乾燥機を分解することなく機械内部を自動的に洗浄できる機能のこと。

このように供述調書は、島田さんが間違っていると認識し、かつこれを修正するように求めたにもかかわらず、警部補Zや捜査機関の不利になることは一切修正されることなく、恣意的に作成されていたのです。

さらに、(二)についても、警部補Zは弁解録取に先立ってすでに弁解録取書をあらかじめ作成していたとされています。その内容は、島田さんが大川原さんらと共謀して噴霧乾燥機を無許可で輸出したことを自白したとする内容であったのです。

つまり、この弁解録取書は、島田さんの弁解を聞くことなく、島田さんに手渡され、その署名指印を求めるものであったと言われています。この時、島田さんがその内容を読んで確認したところ、大川原さんらと共謀して無許可で輸出した事実がまったくないにもかかわらず、「私は、弊社の噴霧乾燥機『スプレードライヤーRL-5』が輸出規制に該当する不安を抱えながら、社長の大川原氏と現顧問の相嶋氏から指示された『非該当で輸出する』との方針に基づき、経済産業省に該否の判定基準を確認せず、無許可で中国に輸出した」という内容が記載されていたのです。

そのため、島田さんは、警部補Zに対して事実と異なる箇所を削除するように求めました。

しかし、警部補Zは島田さんの指摘を修正しないまま、これを修正したかのように振る舞って、再び修正していない弁解録取書を手渡し、署名指印を求めたと言われています。島田さんはその未修正に気づいて、「警察がまさかこんなことをするとは信じられない」と強く抗議したと言われています。

こうした抗議を受けて、ようやく警部補Zは島田さんの指摘を反映した弁解録取書を新たに作成し、島田さんもそれに署名指印することになり、弁解録取は終了したのです。

このように取り調べにおいても、弁解録取においても、島田さんの意見や指摘は認められないどころか、事実とはかけ離れた内容があらかじめ作成されており、それにただ署名指印することが求められていたのです。

もし皆さんが、島田さんの立場であれば、どのようにお感じになるでしょうか。私は到底容認できないものと感じます。そして何より島田さんが感じられたような捜査機関への不信感を抱かざるを得ません。

ただし、島田さんがそうであったように、こうした出来事はまさに「寝耳に水」の状態でなされたと言えます。そうである以上、このことは誰しもに「起こりうること」であると言わざるを得ません（本来は、このようなことがあってはならないのですが）。

だからこそ、私たちは違法な取り調べや恣意的な供述調書の作成（弁解録取書の作成）がどのように行われうるのかを自分事として理解すべきであると感じています。その意味で島田さんが経験された出来事は、決して島田さんだけの身に起きたことと考えてはならず、自分たちがもしそのような場に居合わせたとしたら、どう行動を起こすべきかを考えさせてくれるものと言えます。

「人質司法」の恐ろしさと相嶋さんの死

さらに問題であったのは、大川原さんら三名が逮捕されてから釈放されるまでの長期間にわたり、身体拘束を伴う勾留を受け続けていたということです。その期間は約一一ヵ月間です。逮捕から釈放までの経緯をまとめると、次のような流れになります。

さらに、相嶋さんに至っては勾留中に体調が悪化したにもかかわらず、なかなか保釈が認められませんでした。その後、相嶋さんは勾留中にさらに体調を崩し、胃に悪性腫瘍が見つかってしまったのです。ようやく保釈が認められた時にはすでに相嶋さんの病状は進行しており、入院を余儀なくされる事態だったのです。

相嶋さんが入院し、ほどなくして、大川原さんと島田さんの保釈が認められることになりました。しかし、保釈に至っては条件として相嶋さんとの接触が禁止されており、三人の面会はできませんでした。

その結果、大川原さんと島田さんが二〇二一年の二月五日に釈放されたものの、二日後の二月七日に相嶋さんは帰らぬ人となってしまったのです。とうとう三人の面会は叶わぬ夢となってしまったのです。

事件の経緯（逮捕から釈放まで）

二〇二〇年三月一一日　大川原さんら三名の逮捕
　　　　　一三日　裁判官から勾留と接見禁止の決定
　　　　　二七日　大川原さんらが勾留理由開示公判において違法な捜査を指摘
　　　　　三一日　東京地検検察官により外為法違反で起訴
　　四月　六日　弁護人による保釈請求　しかし裁判官により保釈請求の却下
　五月二六日　警視庁公安部は外為法違反（L-8i輸出）で大川原さんら三名を再

逮捕

六月一五日　東京地検検察官はL-8iの輸出についても追起訴

一八日　弁護人による保釈請求二回目、しかし裁判官により保釈請求の却下

九月一五日　勾留された相嶋さんの体調悪化　輸血処置を受ける

二九日　緊急治療の必要性から弁護人による保釈請求　しかし請求却下

一〇月　七日　相嶋さんの胃に悪性腫瘍が見つかる

一六日　相嶋さんの勾留執行停止　胃がんが見つかる　弁護人による保釈請求が行われるものの、検察官は罪証隠滅の恐れがあるとして保釈に反対　裁判所も保釈請求を却下する

一一月五日　相嶋さんが入院

一二月二五日　弁護人による保釈請求五回目（相嶋さんは七回目）いったんは保釈が認められるも検察官の準抗告により取り消される

二〇二一年二月四日　大川原さん、島田さんに対して、裁判官による保釈許可決定（六回目の請求）

五日　大川原さん、島田さんの釈放

七日　相嶋さんが胃がんで死去　しかし、大川原さん、島田さんの保釈条件に相嶋さんとの接触禁止があったため立ち会いは出来ず

このように大川原さんら三名は、有罪判決が下されていないにもかかわらず、長期間の身体拘束を通じた勾留を余儀なくされました。

その理由は、わが国の司法制度において被疑者や被告人が無罪を主張してしまうと、捜査機関が有罪にするための自白を引き出すために、長い時間にわたって取り調べを行おうとするからです。[*17]

本来であれば、有罪判決が決まるまで、被疑者や被告人は一般の人々と同じように扱われなければなりません。しかし、無罪を主張したり、黙秘を続けると、罪を認めるまで捜査機関が厳しい取り調べを行うため、おのずと勾留も長くなるのです。いわゆる「人質司法」の問題です。

裏を返せば、こうした過酷な状況においても、大川原さんら三名は簡単には自白しようとはしなかったということです。どれだけ厳しい状況に置かれたとしても、やっていないこと

はやっていないと信じる、そして自分たちが無罪であると信じ続けることを実践されていたのです。

捜査機関は、取り調べの最中に「自白しさえすれば、会社を守ることもできる」といったことや「自白しさえすれば、家族を守ることもできる」といった悪魔のささやきをしたかもしれません。

しかし、大川原さんらは、それらにも屈することなく、自らの「正しさ」をつらぬいたのです。その結果、三名の勾留は長引き、相嶋さんに至っては帰らぬ人となってしまったのです。

検察の責任

この事件は、長期間にわたる身体拘束を伴いながら、最終的には二〇二一年七月三〇日に検事が起訴を取り消すという異例の事態となりました。

ただし、本来であれば、捜査を担当した検事が警視庁公安部の捜査をきちんと抑制すべきであったと考えられます。大川原さんら三名の逮捕は、この担当検事Tの了承の下で行われたとされています。[*18] つまり、この時点で担当検事Tは、「逮捕すれば、大川原さんら三名が自白するだろう」と考えていたのだと思います。

しかし、大川原さんらは取り調べに対しても黙秘し続けたと言われています。さらに、大川原さんらの黙秘を受けて担当検事Tが追加で行った従業員への事情聴取では、噴霧乾燥機に温度が上がりきらない箇所があるとの指摘が続出したのです。こうした逮捕後の動きは、担当検事Tにとって想定外のことであったと考えられます。

ここまでで分かるように、この担当検事Tが、あらかじめ警視庁公安部に対して厳重なる確認を行っていれば、そもそも逮捕の必要性などなかったのです。それが行われていなかったために、大川原さんらは逮捕・起訴され、長期間の身体拘束を伴う勾留を受けてしまうことになったのです。

こうした担当検事Tの様子について、弁護側の最終準備書面[*19]では「警視庁公安部との馴れ合いや、20年間の実務経験からの慢心があったものと思われるが、さらにいえば、身体拘束を続ければ原告大川原らが原告会社や関係者を慮って自白し、事なきを得るだろうという、人質司法への妄信があったものと思われる」と記載されています。

大川原化工機は、本件について国家賠償請求を提起しており、二〇二三年一二月二七日に国と東京都に対して一億六二〇〇万円の賠償を命じるという判決が下っています。なお、二〇二四年一月一〇日には、国と東京都、そして大川原化工機は双方ともに控訴しています。

この国家賠償請求とは、国や地方公共団体の行為によって損害を受けた場合に国や地方公共団体に対して損害賠償を求めることを意味しています。

以上が大川原化工機事件の概要になります。

なお、本章を執筆しているのは、二〇二四年二月時点になります。そのため、事件が起きてから第一審の判決までの内容等にしか基づくことができませんが、その点についてはお許しいただければと思います。

理念的＝無根拠的な「正しさ」の犠牲になること

ここからは、大川原化工機事件がなぜ起きてしまったのかを、それぞれの「正しさ」について着目しながら考えていきたいと思います。

本章の「あらまし」で述べたように、大川原化工機事件は捜査機関である警視庁公安部の第五係が立件することを「正しい」と考え、半ば強引な捜査を行ったことが直接的な原因であると考えられます。

この「正しさ」とは、何についての「正しさ」かと言えば、安全保障や貿易管理に対しての「正しさ」であると言えます。

わが国から輸出された製品が輸出先の国において戦争やテロなどに利用されてしまわないように、第五係は大川原化工機の噴霧乾燥機に着目したのだと考えられます。

しかし、この「正しさ」というのは根拠に裏打ちされたものではなく、あくまで第五係の願望のようなものであったのではないでしょうか。

というのは、これまでにも見てきたように大川原化工機はもともと経済産業省が示してきた基準に従って該当判定を行って輸出をしていたからです。かつ、大川原化工機は自社製の噴霧乾燥機が規制対象とならないとの考えをあらかじめ経済産業省に示していたわけですから、やはり第五係が理念的な安全保障や貿易管理を実行するために、根拠がない状態で無理な捜査（逮捕や起訴も含めて）を実施していたのだと思います。

このように理念的＝無根拠的な「正しさ」を暗中模索の状態で追い求めた結果、第五係は警視庁公安部自体を組織的に動かすことになったのです。

組織的に動かすことによって、理念的＝無根拠的な「正しさ」を、組織的＝根拠的な「正しさ」へと変換しようとしていたのだと思います。

しかし、こうした「正しさ」の変換というのは、往々にして無理が生じるものです。なぜなら、理念的＝無根拠的な「正しさ」の上にいくら別の「正しさ」を重ねてもそれを更新することはできないからです。無根拠を補うには根拠でしかない。それは代えがたい事実であったのです。

おそらく経済産業省が強制捜査（ガサ入れ）を許容したことや検察が追加調査を行ったのは、こうした理念的＝無根拠的な「正しさ」にどうにか根拠を与えようとしていたからだと思います。

経済産業省も担当検事Tも、根拠がない状態で第五係が動いていることが「危うさ」の象徴であることを実感していたのだと思います。第五係にとっては「正しさ」であったとしても、それを「危うさ」として実感する人々がいたということです。そのため強制捜査（ガサ入れ）を行って、逮捕や起訴に足る根拠をどうにか探そうとしていたのだと思います。

しかし、そうした根拠は出てこなかったのです。むしろ、無根拠さを物語る根拠しか出てこなかったのです。それが結果的な起訴取り消しにつながったということです。

このような理念的＝無根拠的な「正しさ」によって、大川原さんら三名は逮捕され、起訴されてしまいました。相嶋さんに至っては、こうした理念的＝無根拠的な「正しさ」の犠牲となり、帰らぬ人となってしまったのです。

ここで注意したいのは、（私たちも含めて）こうした「正しさ」の無根拠さをまったく疑うことなく報道を信じ切ってしまっていたことです。多くの人々は、報道を通じて、あたかも逮捕された人々が「危うい」かのように錯覚してしまいます。報道関係者もまた「正しさ」の無根拠さには報道時点では気づいていなかったはずですから（そうでなければ報道はしないはずですから）、この「正しさ」の無根拠さを誰かが指摘しない限り、冤罪は「起こりうるもの」と考えられます。

しかし、本件を通じてより明らかになったのは、逮捕・起訴されたからと言って、その逮捕・起訴された人々が「危うい」とは限らないということです。むしろ、このような人々は理念的＝無根拠的な「正しさ」の犠牲になっていることが少なくありません。その理念的＝無根拠的な「正しさ」に抵抗せずに、ただ無実であるという〈真理〉を信じて、流れに身を委ねているだけなのかもしれないのです。

絶対的な「正しさ」にさらなる「正しさ」を対抗させること

それでは、こうした「正しさ」の無根拠さをまずもって指摘しなければならなかったのは誰なのでしょうか。これまでの記述から総合的に判断すれば、大きく三つのポイントがあったように思います。

第一に、第五係の警部補であったXやYの存在です。第五係長や警部補Zと同じく捜査にあたっていたXやYは、第五係長や警部補Zが理念的＝無根拠的な「正しさ」でもって捜査に及んでいたことを最も近くで確認していた人物です。

彼らが第五係長や警部補Zを止めていたのであれば、冤罪は未然に防がれたのだと思います。しかし、同じ係に属する係長を部下が止めることは容易ではないものとも考えられます。その場合、他の係長や課長、あるいはさらに上位権限のある人物などに相談するなどして、どうにか第五係における捜査が止められるように対策しなければならなかったのだと思います。

こうした事態は、警視庁公安部という特殊な組織だけの問題ではなく、一般の組織（企業組織や行政組織、大学組織など）においても「起こりうるもの」と考えられます。自分の上司が進めたいプロジェクトや案件があった場合に、それが危機的な状況であるにもかかわらず、（関わりたくないと避ける場合も含めて）それを見逃してしまうのは、より大きな問題を生むことの引き金を引いているのと同じ状況です。

それは最終的な責任がその上司にあるから自分は関係ないという類の話では決してありません。そのプロジェクトや案件によって多くの取引先や地域住民、あるいはその他の人々を巻き込むことがある以上（そして自分が所属する組織の資源を利用している以上）、危機的な状況を招くことは最悪の帰結を招く恐れがあることを意味するからです。そのため、自分が上司とより近い立場にあった場合には、一層そのことに留意して慎重になるべきであると考えられるのです。

第二に、監督官庁である経済産業省の存在です。経済産業省もまた、理念的＝無根拠的な「正しさ」をまずもって指摘しなければならなかったと思います。これまでにも見てきたように、当初経済産業省は捜査に対しては懐疑的な立場を取っていました。しかし、最終的には二〇一八年二月の時点で「ガサ（強制捜査）はいい」と述べたとも言われており、ここに経済産業省としての責任があったのではないかと感じます。

もちろん、経済産業省は第五係が作成した専門家の意見によってだまされてしまった存在でもあります。しかしながら、だからこそ第五係の捜査過程が本来的な意味で妥当であったのか（おかしな点はなかったのか）ということを、踏みとどまって考えていただきたかったとも思います。第五係が立件ありきの捜査を進めようとすれば、捜査の順序や手続きなどで不確かな部分が見えてくるはずであり、それを指摘していなかったとすれば大いに監督官庁としての責任が生じてしまうものだからです。

これらは、一般的な組織であれば、管理者や監督者が（利害関係のない状態で）管理・監督できていない問題として考えることができると思います。管理者や監督者は、自分が管理・監督する立場であるにもかかわらず、「他の人々」と結託して当該組織を貶めるようなことをしてしまえば信用問題に発展してしまいます。

つまり、これらの管理者や監督者は、管理・監督できていない人たちとなってしまうということです。仮にその時にだまされてしまったとしても、その「他の人々」が本当に信頼に足るのかどうか、はたまた信頼に足るとして無理な調整や業務をしていないかどうかなど、疑い続けることが必要であると言えます。

ましてや本件のように別件での逮捕や起訴を望んで、「ガサ（強制捜査）はいい」と考えること自体がやはり監督官庁としての脆弱さを示してしまっていると考えられます。決してそうあってはならず、このことから管理者や監督者の責任が追及されてしまうと考えられます。

第三に、担当検事Tの存在です。担当検事Tは、捜査過程において第五係の理念的＝無根拠的な「正しさ」が危ういものであると知りながら（あるいは知りうる機会がありながら）、大川原さんら三名を起訴していました。本来、担当検事であれば、捜査過程において問題が生じたのであれば起訴しないことを選択したり、仮に起訴するにしても十分な証拠がそろっているかを確認しなければならない立場にあります。

しかし、担当検事Tは、こうした身内に対する疑いの目を向けることなく（身内には甘く）、大川原さんらに対しては厳しい判断を行うという、検事としてはあってはならない姿勢を示していたのでした。

本来、検事というのは、警察が行う捜査に対してもある種厳しい目を向けて、「本当にこの捜査で起訴するに足りるのか」を客観的かつ中立的に判断しなければならない立場だと思います。それができなければ、警察が捜査したものをそのまま鵜呑みにし、冤罪を次々と引き起こす最悪の事態に陥ってしまうからです。

しかし、本件においては、まさに警察の捜査過程をそのまま鵜呑みにして、起訴に至るという最悪の事態が起きたことになります。このような担当検事Tの姿勢は、職務に対して怠慢であったと言わざるを得ません。

これは一般的な組織で考えれば、管理者・監督者の判断に対して最終的な決裁権限をもつ人物が部下の判断を鵜呑みにして、そのまま決裁を行うような構図に似ていると思います。最終的な決裁権者は、「部下がそう言っているから」とか「自分は直接管理したり、監督したりしているわけではないから」などと言って、責任を放棄してはなりません。

それは最終的な決裁権者である限り、そこに一人の人間としての判断が必ず介在しているからです。つまり、決裁権者もまた管理者・監督者の一人であり、その自覚をもたなければならないからです。

そういう自覚なしに確認印だけを押すようなことがあれば、一体何のために稟議制度において多段階の確認をしているのかが分からなくなってしまいます。何より管理者・監督者が誤った判断をしていることを想定して最終的な決裁権者を置いている組織が多いでしょうか。その判断を疑う目をもたなければならないのではないでしょうか。無論、部下である管理者・監督者が作成した稟議書や説明書におかしな記述があれば、それを納得が行くまで確認することや万が一疑わしい部分が排除できなければ決裁することを取りやめることをしなければならないのが最終的な決裁権者の仕事であると言えます。このことが、本件における担当検事Tや一般的な組織における決裁権者に共通することだと言えます。

ここまで見てきたのは、第五係の理念的＝無根拠的な「正しさ」が（少なくとも彼らにとって）絶対的であると考えられている場合、それを誰が止めるべきであったのかということでした。このような絶対的な「正しさ」には、さらなる「正しさ」を対抗させること（突き合わせること）でしか、食い止めることはできないように思います。ここに記載した三つの関係者（警部補ら、経済産業省、担当検事）は、いずれも第五係の「正しさ」を食い止めることができたにもかかわらず、それをないがしろにしていたのだと思います。

結局、この絶対的な「正しさ」を相対化することができたのは、その「正しさ」の犠牲になった大川原さんらだったと言えます。絶対的な「正しさ」の近くにいた人たちは、それを食い止めることができずに「正しさ」に加担する側の人物になってしまっていたのです。なぜ、近くにいるのにもかかわらず、それができなかったのか。とても悔やまれます。

以上、本章では軍事転用不正について大川原化工機を襲った事件について見てきました。大川原化工機がそうであったように、この軍事転用不正についてはある日突然その疑いがかけられ、「立件型不正」として捜査されてしまったり、最悪の場合逮捕・勾留されてしまったりします。そのため、私たちがもしそうした「立件型不正」の疑いをかけられた時には、決して慌てることなく、毅然とした態度で臨まなければならないものと言えます。それは何より大川原さんらが示してくださったものでもあります。このことを末尾に記して、本章を終えたいと思います。

＊1 経済産業省「安全保障貿易管理ガイダンス［入門編］」（二〇二三年七月、第二・二版）、四頁。

＊2 経済産業省、前掲ガイダンス、四頁。

＊3 読売新聞「【独自】軍事ドローンに転用可能『高性能モーター』を輸出…都内業者が中国・イエメンに」（二〇二一年七月六日付け）。

＊4 共同通信「不正輸出未遂疑い不起訴」（二〇二一年八月八日付け）。

＊5 サンテレビ「水中探査機を不正輸出か　メーカーの元取締役ら3人逮捕」（二〇二一年一一月一七日付け）。

＊6 時事通信社「無許可輸出の元役員に罰金＝外為法違反で略式命令─神戸簡裁」（二〇二一年一二月一七日付け）。

＊7 CALL4「大川原化工機事件～無実で約1年勾留『人質司法』問題をただす～」（筆者最終閲覧日：二〇二三年一二月二日）。

＊8　大川原化工機「沿革」（筆者最終閲覧日：二〇二三年一二月二日）。
＊9　大川原化工機「Q&A集」（筆者最終閲覧日：二〇二三年一二月二日）。
＊10　CALL4「一点の曇りもないと黙秘をし、身体拘束され続けた331日間」（二〇二二年一月一二日：以下、ウェブ資料二と記載）。
＊11　CALL4、前掲ウェブ資料二。
＊12　NHK『NHKスペシャル〝冤罪〟の深層～警視庁公安部で何が～』（初回放送日：二〇二三年九月二四日）。
＊13　石原大史「大川原化工機『冤罪』事件の深層――警視庁公安部で何が――」『世界　2024年1月号』（刊行日：二〇二三年一二月八日）。
＊14　毎日新聞「警視庁公安部、有識者聴取と異なる報告書作成か　起訴取り消し」（二〇二三年一二月八日付け）。
＊15　和田倉門法律事務所「最終準備書面（冒頭部分抜粋）」（二〇二三年九月八日付け）。
＊16　和田倉門法律事務所「A警部補による違法な取調べの数々【大川原化工機国賠訴訟8】」（二〇二一年九月一五日付け）。
＊17　イノセンス・プロジェクト・ジャパン「ひとごとじゃないよ!：人質司法」（筆者最終閲覧日：二〇二三年一二月七日）。
＊18　和田倉門法律事務所、前掲書面。
＊19　和田倉門法律事務所、前掲書面。

第六章

閉じられた組織の中の開かれた正しさ

個人が「正しさ」を追求することで起きる「社会的雪崩（ソーシャル・アバランチ）」

現代では、どのような状況においても「正しさ」が求められます。しかし、個々人が「正しさ」を求めるがあまり、それが積み重なることによって、個人のみならず、組織や社会などの全体が沈んでいく現象があります。本書では、これを社会的雪崩（social avalanche）と呼んでみたいと思います。[*1]

このことを考えるきっかけになったのは、第一章でも紹介したドナルド・パルマーの考えにふれたことでした。パルマーは、（不正のトライアングルとは異なって）不正行為者はむしろ不正をしようとは考えておらず、むしろ周囲に溶け込みながら仕事をしている人物ではないかと考えました。

私たちの日常生活（仕事生活）においても、周りを見渡した際にわざわざ自分がいざ不正をしようと態度や表情に表す人などいないように思います。それよりも、結果的に不正行為者であるとされた人々やそれが組織的な不正につながってしまった事案などを見ていくと、「彼・彼女らはむしろ自分たちがやっていることが『正しい』と思って、これらをやったのではないか」と考えられることが多いように思えたのです。

自分がある種の「正しさ」をもっていれば、周囲の人々にもそれが伝わり、仮に根拠がない状態でも組織的に大きな仕事を行うことは簡単です。多くの人は、そこで根拠があるかどうかを逐一確認することは少なく、その代表である個人が「正しさ」を担保していれば、それに乗っかって自分の仕事をこなそうとするものだと思います。なぜなら、その根拠を確認する作業は別のコストを伴いますし、根拠を確かめてそれが根拠ありだと分かると徒労に終わることもあるからです。

このことから個人が「正しさ」を追求することによって、個人のみならず組織を潰してしまうこと（潰すとまではいかなくとも疲弊させること）は、多かれ少なかれ「起こりうること」と考えられます。さらに言えば、こうした個人レベルの追求が、いずれの組織においても起こることによって「正しさ」が社会を潰してしまう（疲弊させてしまう）ことも当然ながら「起こりうること」なのです。

さらに、このような個人の「正しさ」の追求は、いつしか個人、組織、社会というように次第に大きな動きとなっていくことにもつながります。それはまるで、少しずつ雪が降り積もることによって次第に大きな雪崩が起きるのと同じ現象と言えます。個人の追求が個人を

図6-1　社会的雪崩（ソーシャル・アバランチ）

犠牲にするだけではなく、それが組織、社会へと少しずつ大きな雪崩を引き起こすことにつながるという点が、この社会的雪崩の怖さになります。

　この社会的雪崩（個人的雪崩、組織的雪崩を含めて）の怖さとは、個人による「正しさ」の追求が原因とは考えられないことだと思います。理由は簡単で、それは「正しさ」というもの自体が原因の姿をしていないからです。「正しさ」ゆえに誰もそれを原因としては考えない、と言った方がいいかもしれません。

　雪崩が起きる原因は「雪が降ること（降り積もること）」ですが、それが原因だと私たちはあまり考えません。それはとても自然な現象だからです。むしろ、「雪崩が起きやすい場所だったのではないか」とか「雪が解けやすい気温だったのではないか」というように、別のものに原因を求めると思うのです。原因が原因として理解されないところに、この社会的雪崩の怖さがあると言えるのです。

ここで少し考えてみると、個人の「正しさ」ゆえに組織的雪崩が起きること（個人としては「正しさ」が示されているのにもかかわらず、組織全体の不正状態が加速したり、最悪の場合組織運営ができなくなるような状態）が、これまでに論じてきた組織不正現象であると言えるでしょう。つまり、個々人のレベルでは「正しさ」が追求されていて、どこにも問題があるようには思えないにもかかわらず、組織的に「危うさ」を抱えてしまうという状態のことです。

ただし、ここで注意したいのは、こうした組織的雪崩は社会的雪崩に規模を拡大しやすいということです。つまり、一つの組織で起きたことは他の組織でも「起こりうること」であり、そうして一つの組織で起きたことが簡単に社会に波及していくことになるのです。なぜかと言えば、一つの組織で起きたことによって、他の人々も同じ問題が起きていないかを考えるようになり、そうした視点によって他の組織が見られるようになるからです。それゆえに、個人の「正しさ」の追求が組織的雪崩を経て、社会的雪崩として出現するようになるのです。

例えば、大川原化工機事件では、第五係長の理念的＝無根拠な「正しさ」によって第五係のみならず警視庁公安部という組織が動くことになりました。しかし、この第五係長の「正しさ」が理念的＝無根拠的であったために、警視庁公安部という組織自体が窮地に追い込まれることになったのです。

一般的に言って、警視庁公安部という組織は優秀な方々が集まった集団ですから、組織としてそう簡単に瓦解することはありません。しかし、大川原化工機事件では、その警視庁公安部の組織的な不正が次々とあぶり出されることになりました。つまり、警視庁公安部において組織的雪崩が起きたのです。

いつ起きてもおかしくない「組織的雪崩」の怖さ

ここでもう少し「組織的雪崩」について考えてみると、「組織的雪崩」はいつ起きてもおかしくない現象であると考えられます。つまり、個人が「正しさ」を追求することで、いとも簡単に組織全体が崩れてしまうことがあるのです。

最近の研究において分かってきたことは、「組織的雪崩」の代表例である組織の不祥事や不正は、外部環境との関係において生じることです。外部環境（マクロ）からの要求を受け

図6-2　マクロ・メゾ・ミクロの関係

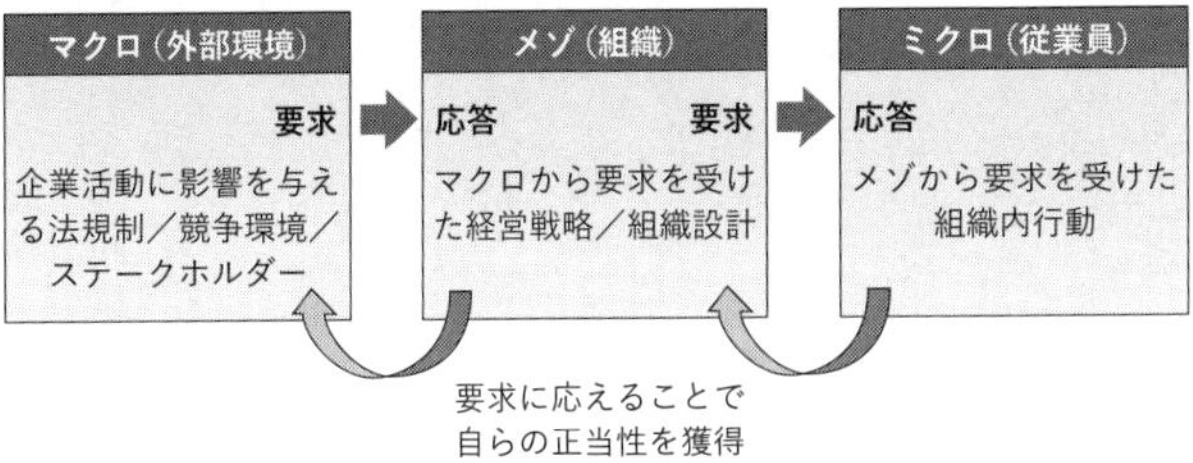

出所）川名（2022）より筆者作成。

る組織（メゾ）は、さらに組織における従業員（ミクロ）に対して要求を行います。これは外部環境からの要求に対して組織が個人を動かしながら応答するためです。しかし、その応答において従業員（ミクロ）は自らの「正しさ」に従って暴走することによって、組織（メゾ）を誤った方向へと導くことがあるのです。

これを論理的に示されているのが、組織不祥事研究がご専門の川名喜之先生です。川名先生によれば、次のような関係が見受けられるとのことです。[*2]

マクロにあたる外部環境では業界内における法規制や他社との競争、さらには株主を始めとしたステークホルダーからの要求が存在しています。この外部環境からの多様な要求に応答するために、組織は経営戦略を策定し、その戦略を実現するために組織を設計していきます。さらに従業員は、組織から与えられた環境において、組織から要求される組織内行動を取ることによって要求に応答しようとするのです。つまり、要求自体は外部環境↓組織↓従業員へと行われる一方で、その対応は従業員↓組織↓外部環境へと行われるのです。

ただし、注意が必要なのは、先ほど説明したように従業員↓組織への応答において従業員が暴走してしまうことです。組織↓外部環境への応答においては、一見すると組織はきちんと対応しているように見えますが（表の正当化）、実際のところは従業員が自らの「正しさ」を信じ込んで組織を巻き込んでしまうことがありうるのです（裏の正当化）。

例えば、スルガ銀行の不正融資事件をこの枠組みで説明することができます。もともとスルガ銀行は、外部環境であるメガバンクや有力な地方銀行との競争に勝つために個人融資を拡大しており、それでも競争に勝つことができなかったため、最終的にはシェアハウス融資へと乗り出すことになりました。

この時スルガ銀行では、他行との競争に勝つことが絶対的になっているため、行員に対して過大な業績目標が与えられており、その目標達成のために行員がパワハラを行うなどの事案が複数確認されるようになっていったのです。内部通報制度があったことも行員は認知していたものの、結局もみ消されたり、村八分のような状況になるとして内部通報を行わなかった実態があったとも報告されています。

この時に注意したいのは、行員はあくまで組織から与えられた業績目標を疑っておらず、それを追い求めることを「正しさ」として考えていたことだと思います。スルガ銀行において過度な業績目標が与えられていたことは今であればよく理解できますが、それが組織的に共有されてしまっている場合、なかなかそれを疑うことが難しくなります。

ですから、少なくともスルガ銀行では過度であっても業績目標を達成することが「正しさ」であるとして、それを追い求めることによってパワハラのように暴力的になることもいとわなかったのだと考えられます。そうした「正しさ」が個人によって追求された結果、他の個人にも伝播していき、組織的雪崩が起きてしまったのです。

倫理的な「正しさ」もまた組織的雪崩を生む

もちろん、こうした個人の「正しさ」が誤ったものであることは明白かと思います。そのため、こうした個人には組織において倫理的な教育を行う場合も少なくないはずです。多くの組織では、個人に倫理教育を行うことが適切であると考えられており、かつ現在でも倫理教育が行われています。組織内において倫理教育を行うことによって個々人のより良い倫理観を醸成し、組織そのものを倫理的にしていこうという取り組みです。

わが国における企業組織においても、倫理教育は盛んに行われるようになっています。こうした背景に企業倫理規範の整備や企業倫理委員会の設置などがあり、代表取締役社長などをトップとした企業倫理制度の拡充が図られています。

ここでは、一例としてNTTグループの企業倫理規範を抜粋してみたいと思います。[*3] NTTグループを一例とした理由は、倫理を抽象的なものではなく、より具体的に役員や社員に伝達し、実践させようとする姿勢が感じられるためです。

＊　＊　＊

NTTグループ
企業倫理規範

基本的な考え方

ＮＴＴ西日本グループは、お客さまに「安心」「安全」「信頼」のサービスを提供するため、企業倫理の確立に向けて、コンプライアンスの意識浸透と徹底に努め、高い倫理観を持った事業運営、健全な企業活動を推進しています。

1．経営トップは、企業倫理の確立が自らに課せられた最大のミッションのひとつであることを認識し、率先垂範して本規範の精神を社内に浸透させるとともに、万一、これに反する事態が発生したときには、自らが問題の解決にあたる。

2．部下を持つ立場の者は、自らの行動を律することはもとより、部下が企業倫理に沿った行動をするよう常に指導・支援する。

3．ＮＴＴグループのすべての役員および社員は、国内外を問わず、法令、社会的規範および社内規則を遵守することはもとより、公私を問わず高い倫理観を持って行動する。とりわけ、情報流通企業グループの一員として、お客さま情報をはじめとした企業内機密情報の漏えいは重大な不正行為であることを認識し行動するとともに、社会的責務の大きい企業グループの一員として、お客さま、取引先などとの応接にあたっては過剰な供授を厳に慎む。また、公務員、政治家と応接する場合には、贈賄や相手方に国家公務員倫理法・国家公務員倫理規程または大臣規範に違反をさせる行為やその疑いを生じさせる行為は行わない。

4．NTTグループ各社は、役員および社員の倫理観の醸成に資するべく、機会をとらえ企業倫理に関する社員教育を積極的に実施する。

5．NTTグループのすべての役員および社員は、業務の専門化・高度化の進展に伴い発生が懸念される不正・不祥事の予防に努めるとともに、NTTグループ各社は、契約担当者の長期配置の是正や、お客さま情報などの保護に向けた監視ツールの充実など、予防体制の整備を徹底する。

6．不正・不祥事を知ったNTTグループのすべての役員および社員は、上司などにその事実を速やかに報告する。また、これによることができない場合は、「企業倫理ヘルプライン（受付窓口）」に通報することができる。なお、不正・不祥事を通報した役員および社員は、申告したことによる不利益が生じないよう保護される。

7．不正・不祥事が発生したときは、NTTグループ各社は、迅速かつ正確な原因究明に基づく適切な対処によって問題の解決に取り組むとともに、社会への説明責任を果たすべく、適時・適確な開かれた対応を行う。

なお、本規範を浸透させるために、ポケットカードを作成し人材派遣社員等を含む全社員が常に携行しています。

＊　＊　＊

このＮＴＴグループの企業倫理規範は、役員と社員に対して具体的な指針を示している点において有用性が高いものと言えます。

一般的に企業倫理規範は、「規範」であるがゆえに漠然としたものが少なくないのですが、ここまで具体的に記載されていれば、役員も社員も、何を、どう対応すべきかがはっきりと理解できます。つまり、「使える規範」になっているのです。

ただし、一つだけ注意が必要なのは、最近の研究において「組織が倫理的になろうとするほど社員の非倫理的行動が助長される」という研究結果があるということです。

普通は、組織が倫理的になろうと企業倫理規範を整備したり、企業倫理教育を行うことは

図6-3　倫理的な組織がもつ力と効果

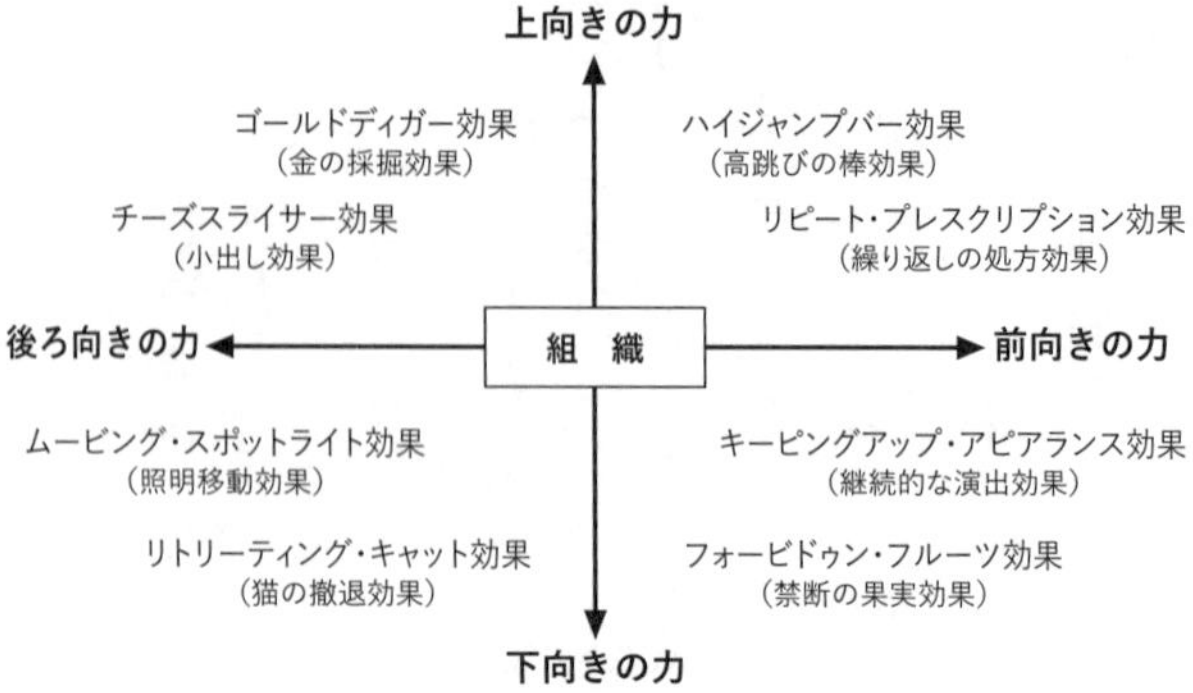

出所）Kaptein（2023）より筆者作成（一部意訳）。

社員に対しても有用なものと考えられています。

ただし、そうした倫理的な取り組みを推進するほど、組織の意図とは異なって社員が反対（＝反発）することが少なくありません。そうである以上、倫理的な取り組みを進める組織にとっても注意が必要となります。

ここで私が紹介したいのは、企業倫理を専門とする経営学者のムエル・カプタインの研究です。カプタインは、二〇〇二年から二〇一九年までの間、企業倫理について権威のある国際的専門誌 Journal of Business Ethics で編集長を務めていた人物で、現在でも精力的に企業倫理研究を行っている人物の一人です。

このカプタインが二〇二三年に発表した「倫理のパラドクス―良い組織の人々がなぜ悪いことをするのか―（A Paradox of Ethics: Why People in Good Organizations do Bad Things）」という論文では、[*4]「組織が倫理的になればなるほど、ある面において非倫理的な行動が誘発される可能性が高くなる」と主張しています。

この論文においてカプタインは、組織が様々な規範や教育などによって倫理的になると、それと並行して組織の倫理を脅かす四つの力（＝勢力）が出現するとしています。それらの四つの力は、次の通りです。

①組織がさらに倫理的になるべきだとする力。これは「組織はもっと倫理的になれるはずだ」という信念の下で、組織を「上向き」に押し上げようとするもの。

②組織は倫理的になるべきではないとする力。これは「組織が倫理的になれるはずがない（倫理的になるものではない）」という信念の下で、組織を「下向き」に押し下げようとするもの。

③組織が倫理への投資を削減すべきとする力。これは「より少しの投資で倫理を達成しよう」という信念の下で、組織を「後ろ向き」にしようとするもの。

④組織は将来も同じであり続けるべきとする力。これは「組織は現状維持すべきである」という信念の下で、組織を「前向き」にしようとするもの。

カプタインは、これらの力がそれぞれ増えていくことによって、組織の倫理的実践に矛盾を来す影響が出てくると言います。ここからは、少し紙幅を割いて、順番に説明してみたいと思います。

①「上向き」の力

この力では、組織がもっと倫理的になれるはずだという信念の下で倫理的実践が行われますから、かえって社員の粗探しが助長されるようになります。それはまるで金を血眼になって採掘する者のように、社員の粗ばかり探そうとすることが増えてしまうことを意味しています。このことから、これらの粗探しは、「ゴールドディガー効果（金の採掘効果）」と呼ばれています。

また、組織がもっと倫理的になれるはずだという信念によって、倫理の基準そのものが高く設定され続けてしまう場合もあります。それはまるで走り高跳びの選手が高跳び用のバーを越えてしまうことで、（他の選手や監督に）すぐにより高い目標へと引き上げられることに似ています。このことから、この基準の再設定は、「ハイジャンプバー効果（高跳びの棒効果）」と呼ばれています。

②「下向き」の力

この力では、組織が倫理的になるべきではないという信念の下で、非倫理的な実践が魅力的になってしまうことを意味しています。非倫理的な実践が魅力的になるとは、何かしら悪い傾向へと人が駆り立てられる衝動を指しています。

このような場面においては、組織が倫理的になるほど非倫理的な実践を見逃すことが挙げられます。管理や監督、監査などに携わる人が非倫理的な実践を見逃してしまったり、その実践自体に加担してしまうことが代表例と言われています。それはまるでネズミを監視する猫がネズミの行ったことを見逃すことに似ていることから、「リトリーティング・キャット効果（猫の撤退効果）」と呼ばれています。これは「ゴールドディガー効果」とは正反対のものです。

また、組織が倫理的になるほど、非倫理的な実践が魅力的で抵抗できなくなる場合があります。これは本来許されないことを行ってしまうことを意味しています。例えば、禁断の果物が魅力的に映ってしまうという状態を示して「フォービドゥン・フルーツ効果（禁断の果実効果）」と呼ばれています。非倫理的な実践が魅力的に見えるとは、禁止された取引を無性に行ってみたくなったり、禁止された薬物、犯罪などに手を染めたくなってしまうことを指しています。これは取引や薬物自体が魅力的なのではなく、禁止されたものであることに魅力を感じてしまう人がいることを意味しているのです。

③「後ろ向き」の力

この力では、組織が倫理的になるほど倫理への投資を少なくしようとする信念の下で行われることを指しています。一つには、必要な部門などへの予算を削減しようとすることが挙げられます。本来であれば十分な予算が必要であるにもかかわらず、倫理的であるほど削減できるという考えから投資を控えてしまうことがあります。これはまるで必要なチーズを少しずつしか食べないことに似ているため、「チーズスライサー効果（小出し効果）」と呼ばれています。

また、組織が倫理的になるほど、非倫理的なことには焦点が当たり、倫理的なことには焦点が当たらなくなります。そのため、非倫理的なことが組織内の基準値以下になると、そのことには焦点が当たらなくなっていきます。これは「ムービング・スポットライト効果（照明移動効果）」と呼ばれ、組織においてあまり注目を集めない非倫理的なことに焦点が当たらないことを問題にしています。

④「前向き」の力

この力では、組織が倫理的になるほど、その倫理的取り組みが時代遅れになるまで長期間継続されることを指しています。このような状況においては、倫理的な取り組みとしての規範や教育などが更新されることはなく、その効果が薄れることで非倫理的なことが増えてきたことに気づいて初めて規範や教育が見直されるようになります。これは、「リピート・プレスクリプション効果（繰り返しの処方効果）」と呼ばれるものに該当しています。

また、この力が働く組織においては、組織が倫理的になるほど、非倫理的なことがあまり認められなくなり、隠ぺいされやすくなるとも言われています。

それは一定程度倫理的な取り組みが継続されてしまえば、誰もその倫理性に疑いをもたなくなるためであり、非倫理的なことを認めたいと思わなくなるからです。これは「キーピングアップ・アピアランス効果（継続的な演出効果）」と呼ばれており、表面的な倫理性の維持が行われてしまうことを意味しています。以上が、カプタインが主張した四つの力とそれぞれの効果になります。

カプタインの研究から分かることは、組織が倫理的になっていても、それによって非倫理的な実践も生み出されることがあるという点です。前述したＮＴＴグループの企業倫理規範は、具体的かつ優れた規範であると思います。

しかし、だからこそ非倫理的な実践を生み出したり、助長したり、隠してしまっていたりする倫理の〝力〟が働いていないかを今一度確認しておくことが重要です。

それは倫理的な取り組みが推進される組織ほど、注意しなければならないからです。カプタインが主張したのは、まさに倫理的な組織ほど非倫理的な実践が行われてしまうという「倫理のパラドクス」だからです。

つまり、この「倫理のパラドクス」とは、組織が倫理的な「正しさ」を推し進めることによって、かえって組織的雪崩を引き起こしやすくなることを意味しているのです。

単一的＝固定的な「正しさ」から複数的＝流動的な「正しさ」へ

ここまで「正しさ」を追求することによって組織的雪崩が引き起こされる現象について考えてきました。ここまでの議論で共通するのは、「正しさ」が単一的＝固定的なものとして考えられ、それによってその「正しさ」を疑うことができない状況です。組織において「正しさ」が絶対的なものであるほど、なかなか疑うことができないものです。

疑うことができないとは言い過ぎかもしれません。しかし、本書で取り上げてきた事例のように、こうした「正しさ」はある種絶対的なものとして考えられることも多く、そうした「正しさ」が組織的雪崩を引き起こす原因につながりかねないのです。

本来、どのような「正しさ」であっても、時代や場所が変わることによって変化していくはずです。あるいは、組織における「正しさ」であれば、自分たちの組織であれば疑われることがないにしても、他の組織であれば疑われたり、批判されたりすることもしばしばあるかと思います。ですから、こうした「正しさ」とは決して絶対的なものではなく、むしろ相対的なものなのです。

先に見た企業倫理規範なども、組織において役員や社員がどう行動すべきかの見本を示すという意味で「正しさ」の象徴と言えるかと思います。しかし、時代や場所が変わっているにもかかわらず、この「正しさ」が変わらないものであれば、役員や社員は間違った行動を取ってしまうに違いありません。それは個人の行動が悪いのではなく、「正しさ」自体が時代や場所に照らして「危うさ」を抱えてしまっているからです。

優れた企業であれば、企業倫理規範も毎年見直して、どこを変えれば時代や場所に合った行動を役員や社員が取ることができるかをつねに考えていると思います。企業倫理規範だから「変わらないもの」なのではなく、つねに「変わるもの」であると意識しなければならないと言えます。

このような「正しさ」が単一的＝固定的なものであったために生じたのが、ビッグモーター社の不正請求事件です。この不正請求事件では、ビッグモーターの各工場において顧客から修理依頼があった車に対して、工場の従業員らが故意に自動車を傷つけることによって保険金を水増し請求していたことが問題となっていました。

当初、経営陣は工場長の指示によって従業員が数々の不正行為を行ったと記者会見で述べていました。しかし、いざ社内調査を行ってみると、経営陣の発言によって部長や次長、工場長などが動いていたことが明らかになっています。なぜ経営陣の発言に誰も疑いの目を向けなかったのかと言えば、経営陣があまりに大きな意思決定権限をもってしまい、そのことが大きな組織不正につながったからです。[*5]

しかも、工場長以下の従業員の多くが「上司からの不正の指示に逆らえない雰囲気があったから」とアンケートにて回答しており、経営陣の「正しさ」が単一的=固定的に現場まで伝わって不正行為が行われる仕組みができあがってしまっていたのです。

つまり、組織において単一的=固定的な「正しさ」が維持されることは、時代や場所にそぐわない「正しさ」が組織において浸透し、それが世間や他の組織と大きく乖離することによって組織不正が生まれると言えるのです。

こうした事態を避けるためには、「正しさ」とはつねに複数的=流動的なものであると考えることだと言えます。たとえ経営陣の「正しさ」であっても単一的=固定的なものととらえてしまうと、どうしてもその「正しさ」を疑うことをせず、その「正しさ」に向き合わないで（それを前提として）行動するようになってしまいます。

ですが、「正しさ」とはいつも変わりうるものですから、その「正しさ」自体を疑い、その「正しさ」を相対化するような仕組みもより整備していく必要があると思うのです。もちろん、すでに多くの組織において内部通報制度や社内会議において、こうした絶対的な「正しさ」を疑う仕組みは整えられていると思います。ただし、まだまだわが国ではこうした取り組みが不十分かと思いますので、より一層拡充への道が切り開かれることを願っています。

何より「正しさ」とは、決して単一的＝固定的なものではなく、複数的＝流動的なものではないでしょうか。組織において絶対視されている「正しさ」であっても、それが別の「正しさ」と突き合わされることによって初めて良い緊張関係を築くことができると考えられるべきだと思うのです。

女性役員の登用が防ぐ組織不正

それでは、わが国においてどのような仕組みを運用することができるのでしょうか。重要な仕組みの一つとしては、やはり女性役員の登用を通じて組織不正への対策を強化することであると感じます。

わが国では、「女性活躍・男女共同参画の重点方針２０２３（いわゆる「女性版骨太の方針２０２３」）」において、女性役員の登用を加速することが謳われています。特にプライム市場上場企業において女性役員比率を高めること、すなわち次に示す三点が大きな目標とされています。

一．二〇二五年を目処に、女性役員を一名以上選任するよう努める。
二．二〇三〇年までに、女性役員の比率を三〇％以上とすることを目指す。
三．上記の目標を達成するための行動計画の策定を推奨する。

こうした背景から、わが国ではプライム市場上場企業において女性役員の割合が増えてきました。二〇二二年では一一・四％であった数値が二〇二三年では一三・四％となるなど、二％増となっています。

しかし、女性役員の登用を早くから進めてきた欧米諸国と比べると、まだまだ大きな差があるというのが現状です。内閣府男女共同参画局のまとめによれば[*6]、二〇二二年を軸に比較してみると、「日本を除くG７諸国の平均」が三八・八％、「ＯＥＣＤ諸国の平均」が二九・六％となっており、大きな違いがあることが分かります。

取締役や監査役とは、経営の根幹を担う役員であると思います。しかし、それが男性的な「正しさ」で固定化されてしまうと、なかなか変化しにくくなり、結果的に組織不正をもた

図６-４　わが国の女性役員比率の推移

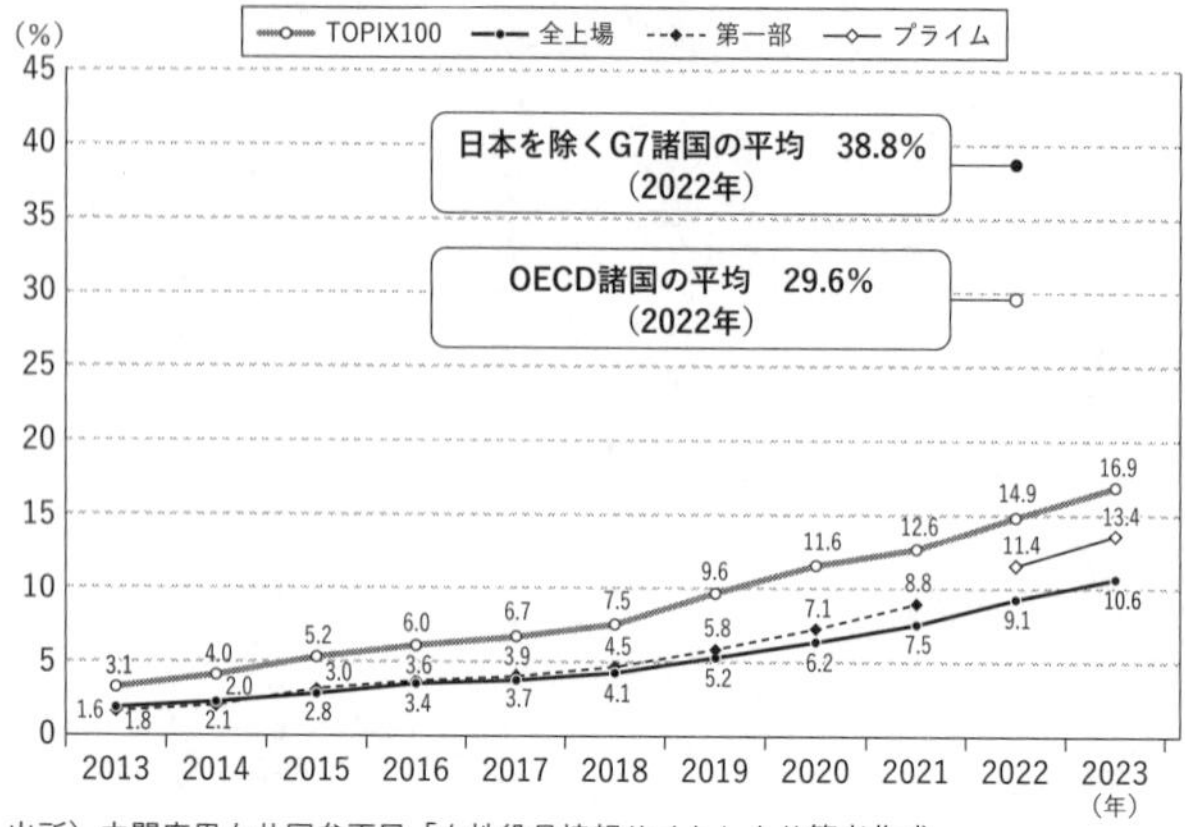

出所）内閣府男女共同参画局「女性役員情報サイト」より筆者作成。

らしてしまうことになりかねないと思います。

これは何も私が感覚的にそう思っているのではなく、様々な研究結果で示されていることでもあります。ここでは、女性役員と銀行不正の関係を論じているバーバラ・カスの研究を紹介したいと思います。カスは、欧州大手銀行の取締役会の多様性とこれらの銀行が米国政府から科せられる罰金の関係を調べています。

その結果分かったのは、女性役員の割合が多い企業の方が、不正行為に対する罰金額や頻度が減っており、平均して年間七八四万ドルを削減しているという事実です。

この詳細についてカスは、ハーバード・ビジネス・レビュー誌のインタビューにおいて次のように話しています。[*7]「結果は明らかなもので、適度に説得力のあるものでした。取締役会に女性の割合が多い金融機関は、罰金の頻度も少なく、罰金そのものも軽いものであったのです。（中略）言い換えれば、取締役会に女性が多かったからではなく、取締役会が全体的に多様性に富んでいたこと、つまり様々な年齢、国籍、役員や非役員を代表するメンバーがいることなどがより良い結果をもたらしたのかもしれません。結局、重要なのはジェンダーの多様性だったということです。ただし、他の多様性も罰金の減額に寄与している可能性を認める必要があります」

カスは、続けて次のようにも説明しています。「私たちの調査によると、女性役員がより多数である必要があることが分かりました。つまり、女性役員が一人だけだと効果はかなり弱くなってしまうのです。それは象徴主義のように、一人の人間が既存の企業行動に対して異議を唱えることが非常に困難であることからも分かります。取締役会内にあるパワー・バランスを変化させるためには、少なくとも三名の女性役員が必要であることも同時に分かっています。また、銀行では取締役と管理職の両方が女性である場合、この効果はさらに強力になることも分かりました。私たちはいずれにしてもジェンダーの多様性が重要であると考えています」

カスの研究から分かるのは、取締役会において男性中心の構成になっている場合、そこで形成される「正しさ」も単一的＝固定的なものになりかねないという意味での警鐘であり、そうした単一的＝固定的な「正しさ」が組織不正（不正行為を含む）につながりやすいという結果かと思います。したがって、女性役員によって別の「正しさ」が照らされれば、そうした単一的＝固定的な「正しさ」が複数的＝流動的な「正しさ」へと変化していくと考えられるのです。

もちろん、このように書くと、「これは男女の問題ではなく、視点の違いに起因するものだ」とか、「男性であっても別様の視点をもつことは可能だ」という意見も当然ながら述べられることと思います。しかし、私がカスの研究を踏まえて言いたいのは、女性（役員）には男性（役員）がもつことができない感覚や理解の仕方、着眼の仕方、表現の仕方など、様々な事柄が期待されるため、その可能性をもとに女性役員の登用が積極的になされるべきであるということなのです。

そして、欲を言えば、女性か男性かという性差のみならず、年齢、国籍、経験などにおいて取締役会（あるいは監査役会）の多様性が保たれることが大事であると考えられるのです。これはカスも指摘していることです。

閉じられた組織の中の開かれた正しさ

ここでもう一度、本章で述べてきたことを振り返っておきたいと思います。少し議論が拡散したようにも思いますので、三つの要点を記しておきたいと思います。

一．個人が「正しさ」を追求することによって個人的雪崩、組織的雪崩が起き、ひいては社会的雪崩が起きる。こうした雪崩が引き起こされる原因は、直接的に明らかになりにくい。なぜなら、「正しさ」そのものは原因の姿をしていないから。

二．とりわけ組織不正に着目すれば、組織的雪崩をいかに防ぐかが大事である。しかし、倫理的な「正しさ」も組織において相反する〝力〟を発生させることになり、それが組織的雪崩を引き起こすきっかけとなりやすい。

三．重要なことは、単一的＝固定的な「正しさ」を相対化するための複数的＝流動的な「正しさ」をいかに確保していくかである。とりわけ役員レベルにおいては、女性役員の登用のように、性差、年齢、国籍、経験など多様性が保たれることが重要である。

本章でこのようなことを述べてきたのは、まずもって組織が開かれたものであることを述べるためです。ただし、「開かれたもの」という点には、少し注意が必要です。というのは、このような議論をする際に「組織を開かれたものにするのであれば、積極的に情報公開をして透明性を保てばいいのではないか」という意見が聞かれるからです。

私は、この意見はあまり役に立たないと思います（正確には、現実的ではないと思います）。というのは、企業組織であれ大学組織であれ、組織は閉じられていなければ活動できないからです。組織をすべて開いた状態にして、どんな情報でも公開すれば、たしかに組織不正は防げるかもしれません。しかし、それは実際の組織では不可能に近いですし、どんな情報でも公開してしまえば同時に組織の活動や優位性を保つことはできないからです。

ですから、組織は閉鎖性が必然と考えた場合に、そこにどのような開放性を宿すことができるかを考えなければならないと思います。かつ、その「正しさ」は複数的＝流動的なものでなければならない、つまり一つの組織において「正しさ」が十分に拮抗する状態を保たなければならないのです。

そもそも組織不正を防ぐ役割のある監査役に期待されていることも、こうした事柄を意識してのことだと思います。取締役（会）の決定では、それが単一的＝固定的なものとなるリスクがあります。仮にそれが会議で決められていたとしても、そのリスクは付きまとうでしょう。そこに監査役（会）が監視の目を向けることによって、複数的＝流動的な「正しさ」を担保しているのです。かつ、取締役（会）と監査役（会）は同じ組織に属しています。このことが閉じられた組織において開かれた正しさを確保するための条件であると考えられるのです。

もちろん、監査役（会）が監視の目を向けたとしても、組織不正が起きる可能性がありま す。それは本章の冒頭で示したような組織的雪崩の状態のことを指しています。その場合には、当然ながら監査役（会）の責任は追及される可能性があります。

そのため、この事態が社会的雪崩へと発展しないためには、組織にいる取締役（会）や監査役（会）ではなく、組織を見守る人々によって食い止められる必要があります。例えば、第三者委員会がそうです。組織不正が起きた場合に第三者委員会が立ち上がり、詳細な調査報告書が記されることによって取締役（会）や監査役（会）が気づきえなかった事項でもって、別様の「正しさ」が提示されていると思います。

また、第三者委員会自体も完全な調査を行うことは難しいことから、最近では調査報告書を点検する「第三者委員会報告書格付け委員会」が立ち上がっています。このように、私たちの社会はつねに「正しさ」が折り重なるようになっていると言えます。こうした委員会の他に、私たち自身も常日頃から自分自身の「正しさ」でもって組織や個人を注視することが必要となり、それが社会的雪崩を食い止めるための重要な眼差しであると言えるのです。

＊1　社会的雪崩（social avalanche）とは、本書の造語ではありますが、海外ではすでに次のような文献が発表されています。ただし、このクリスチャン・ボルフが述べているのは、個性（individuality）と集団性（collectivity）の関係において、個性が集団性に埋没し、それが社会的に広がっていく雪崩現象であるという点です。本書との違いを言えば、個人の「正しさ」によって組織や社会が瓦解していくという意味での雪崩現象とは異なるため、その点は付記しておきたいと思います。Borch, C. (2020) *Social Avalanche: Crowds, Cities and Financial Markets*, Cambridge University Press.

＊2　川名喜之（二〇二二）「外部環境への反応としての組織不祥事の発生メカニズム―スルガ銀行と商工中金を事例として―」『経営哲学』第一八巻、第二号、三七－五三頁。

＊3　NTT西日本「法令遵守の徹底、高い倫理観に基づく企業活動」（筆者最終閲覧日：二〇二四年一月三日）。

＊4　Kaptein, M. (2023) "A Paradox of Ethics: Why People in Good Organizations do Bad Things", *Journal of Business Ethics*, Vol. 184, pp. 297-316.

＊5　特別調査委員会「調査報告書」（二〇二三年六月二六日）。
＊6　内閣府男女共同参画局「女性役員情報サイト」（筆者最終閲覧日：二〇二四年一月一三日）。
＊7　Berinato, S.（2021）“Banks with More Women on Their Boards Commit Less Fraud”, *Harvard Business Review*.

あとがき

本書は、わが国でも問題視されている組織不正について、これがなぜあとを絶たないのかを私なりに考えてみた著作になります。

私は、このことを常日頃から考えてきました。多くの研究では、組織不正が「危うさ」によって引き起こされるものと考えられてきたわけですが、私はこの「危うさ」によって引き起こされるというのがどうも腑に落ちませんでした。

というのは、もともと「危うさ」があると分かっていて、それを組織的に取り組むことなどあまりないのではないかと直感的に判断したためです。

私たちが所属する組織において、自分だけではなくて、他の人々も「危うさ」があると分かっていたら、当然ながらそれをするのを止めるのではないでしょうか。それが自然な組織ではないでしょうか。書類にまずいところがあったり、会議で良くない発言があったり、責任の所在が不明確なことが進んでいたりすれば、誰かがそれに気づいて止めることがほとんどだと思うのです。

しかし、組織不正が発覚した場合によく聞かれるのは、「誰もそのことには気づかずに長い間常態化してしまっていた」という説明です。つまり、組織にいる多くの人々が、何かしら「正しい」と考えている状態があって、それを疑うことなく、長い間続けてしまったというのが組織不正の本質ではないかと思ったのです。

このことから、やや冗談めいた本書のタイトルを念頭に置くようになりました。それが「組織不正はいつも正しい」というものです。そうやって、少しずつ文献を読んだり、頭の中を整理したり、他の先生と一緒に議論したりしてきました。本書がその一つの回答（ただし、「正解」ではありません）であると、ここに記しておきたいと思います。

私が常日頃厄介だなと思うのは、「絶対に正しいと思うことほど、絶対に間違う可能性につながっている」ということです。正しいことは、間違うことへ転化する可能性をいつもはらんでいると言ってもいいかもしれません。ですから、自分で正しいことをする時には、いつも間違う可能性をはらんでいるという緊張や節度をもたないと、大変なことが起きてしまうと思います。

ただ、いつも間違う可能性をはらんでいる正しさというのは、ある意味では矛盾です。それは、間違っているのに正しいことを指しているからです。ただ、そういう矛盾に根ざしていなければ、本来的な意味で正しいことを行うことは難しいのではないかとも思います。「絶対に正しいと思うことほど、絶対に間違う可能性につながっている」と思えないと、それがいつしか大きな代償を払うことになってしまうからです。

かつ、それが一人の人間だけで行うことではなく、組織として行うことであればなおさら気をつけなければならないと思います。本書の第一章で「組織的活動が組織不正を拡大させる」と言いましたが、それはまさに組織として絶対に正しいと思うことほど、大きな代償を払うことになるという意味を表しているのです。組織の経営を行っていくためには組織的活動が欠かせませんが、それは同時に組織の不正を行うことにすでに接続されている。そう考えなければならないのだと思います。

それでは、組織不正をどう防いでいくのかということですが、現時点で私が頑強な答えを導き出せているわけではありません。むしろ、その頑強な答えを導き出せないからこそ、こうやって皆さんと一緒に議論するための材料を書き進めたということでもあります。これは私が逃げようとしているからではなくて、むしろ読者の皆さん一人ひとりと是非とも考えていきたいからなのです。あまり煮えきらない締めくくりで申し訳ありませんが、本書が一人でも多くの方に届くことを願っています。

最後に、本書のもととなる原稿を執筆していく中で、とりわけお二人の方に御礼を申し上げたいと思います。お一人目は、宇田川元一先生です。私がこの原稿を新書として出版したいと思った時に、宇田川先生は光文社新書編集部の小松現様をご紹介くださいました。新書をまだ書いたことのない私にも丁寧にアドバイスをしてくださり、大変心強く感じました。どうもありがとうございました。

そして、お二人目は光文社新書編集部の小松現様です。小松様からは、新書執筆のための注意点や心構えを教わり、書きかけの原稿にも丁寧にお目通しいただきました。執筆というのは、とても孤独な作業だと日々感じます。ですが、そこに一人でもご覧いただける方がいてくださるおかげで、なんとか書き切ることができました。「良い新書というのは、テクニカルなことよりも、著者の熱量が感じられるものだと思います」。小松様からいただいたこの言葉が、幾度となく執筆過程の私を奮い立たせてくれました。どうもありがとうございました。

二〇二四年二月の暮れ、春の陽気が待ち遠しい研究室にて

中原　翔

本文図表制作　デザイン・プレイス・デマンド

中原翔（なかはらしょう）

1987年、鳥取県生まれ。立命館大学経営学部准教授。2016年、神戸大学大学院経営学研究科博士課程後期課程修了。博士（経営学）。同年より大阪産業大学経営学部専任講師を経て、'19年より同学部准教授。'22年から'23年まで学長補佐を担当。主な著書は『社会問題化する組織不祥事：構築主義と調査可能性の行方』（中央経済グループパブリッシング）、『経営管理論：講義草稿』（千倉書房）など。受賞歴には日本情報経営学会学会賞（論文奨励賞〈涌田宏昭賞〉）などがある。

組織《そしき》不正《ふせい》はいつも正《ただ》しい　ソーシャル・アバランチを防《ふせ》ぐには

2024年5月30日初版1刷発行

著　者 ── 中原翔
発行者 ── 三宅貴久
装　幀 ── アラン・チャン
印刷所 ── 萩原印刷
製本所 ── ナショナル製本
発行所 ── 株式会社光文社
東京都文京区音羽1-16-6(〒112-8011)
https://www.kobunsha.com/
電　話 ── 編集部03(5395)8289　書籍販売部03(5395)8116
制作部03(5395)8125
メール ── sinsyo@kobunsha.com

　ISBN 978-4-334-10322-4

1300
〈共働き・共育て〉世代の本音
新しいキャリア観が社会を変える
本道敦子　山谷真名
和田みゆき

当事者インタビューで明らかになった、〈共働き・共育て〉を志向するミレニアル世代の本音、そして子育て中の男性の苦悩。当事者、そして企業が取るべき対策とは?【解説・佐藤博樹】
978-4-334-10249-4

1301
子ども若者抑圧社会・日本
社会を変える民主主義とは何か
室橋祐貴

変化の激しい時代に旧来の価値観で政治が行われ、閉塞感が漂う日本。先進諸国で若い政治リーダーが台頭している中、なぜ日本だけ変われないのか?若者が参加できる民主主義を示す。

978-4-334-10250-0

1302
子どものこころは大人と育つ
アタッチメント理論とメンタライジング
篠原郁子

ボウルビィが提唱したアタッチメント(愛着)は、子どもにとって重要なすべての大人との間に形成されうる。心で心を思うこと《メンタライジング》をベースに、アタッチメント理論をわかりやすく解説する。

978-4-334-10251-7

1303
頭上運搬を追って
失われゆく身体技法
三砂ちづる

今の日本では失われつつある身体技法「頭上運搬」。沖縄や伊豆諸島ほか日本各地や海外にその記憶と痕跡を訪ねる。生活や労働を支えた身体技法と、自らの身体への理解や意識を考察。

978-4-334-10252-4

1304
定点写真で見る　東京今昔
鷹野晃

江戸・明治・大正・昭和――。東京はいかに変貌したのか。東京を撮り続けて40年の写真家が、「定点写真」という手法を用いて破壊と創造の首都を徹底比較。写真451点収録!
978-4-334-10253-1

1305
バッタを倒すぜ　アフリカで
前野 ウルド 浩太郎

世界中を飛び回り、13年にわたって重ねてきたフィールドワークと実験は、バッタの大発生を防ぐ可能性を持っていた！　新書大賞受賞、25万部突破の『バッタを倒しにアフリカへ』続編。

978-4-334-10290-6

1306
中日ドラゴンズが優勝できなくても愛される理由
喜瀬雅則

2年連続最下位でも視聴率と観客動員は好調。なぜ順位と人気は相関しないのか？　優勝の可能性は？　立浪監督はじめ多くのOBや関係者への取材を基にしたドラゴンズ論の決定版。

978-4-334-10291-3

1307
ダーウィンの進化論はどこまで正しいのか？
進化の仕組みを基礎から学ぶ
河田雅圭

『種の起源』刊行から一五〇年以上がたった今、人類は進化の仕組みをどれほど明らかにしてきたのか。世に流布する進化の誤解も解きほぐしながら、進化学の最前線を丁寧に解説する。

978-4-334-10292-0

1308
中高生のための
「探究学習」入門
テーマ探しから評価まで
中田亨

仮説を持て、さらば与えられん！　アイデアの生み出し方、調査や実験の進め方、結果のまとめと成果発信、安全や倫理等を具体的にガイド。研究者の卵や大人にも探究の面白さを伝える。

978-4-334-10293-7

1309
世界の富裕層は旅に何を求めているか
「体験」が拓くラグジュアリー観光
山口由美

旅に大金を投じる世界の富裕層が求めるものは？　彼らの旅のスタンダードとは？　近年のラグジュアリー観光を概観し、安心や快適さではない、彼らが求める「本物の体験」を描き出す。

978-4-334-10294-4

1310
生き延びるために芸術は必要か
森村泰昌

歴史的な名画に扮したセルフポートレイト作品で知られ、「私」の意味を追求してきた美術家モリムラが、「芸術」を手がかりに「生き延びること」について綴ったM式・人生論ノート。

978-4-334-10295-1

1311
組織不正はいつも正しい
ソーシャル・アバランチを防ぐには
中原翔

燃費不正、不正会計、品質不正、軍事転用不正……。組織不正はなぜあとを絶たないのか――。気鋭の経営学者が、組織をめぐる「正しさ」に着目し、最新の研究成果を踏まえて考察する意欲作。

978-4-334-10322-4

1312
経営の力と伴走支援
「対話と傾聴」が組織を変える
角野然生

経営者との「対話と傾聴」を通じ、自立的な企業変革への道筋をつける「伴走支援」の枠組みを、第一人者の実践を基に示す。南山大学教授・中村和彦による、組織開発の視点での解説を収録。

978-4-334-10324-8

1313
英語ヒエラルキー
グローバル人材教育を受けた学生はなぜ不安なのか
佐々木テレサ
福島青史

英語で授業をするEMIプログラム。学部卒業生に日本語や承認の不安を覚える人が出ている。聞き取りを基に内実と問題点を提示。指導教員が多言語話者成長の苦悩と対策を解説。

978-4-334-10325-5

1314
ナショナリズムと政治意識
「右」「左」の思い込みを解く
中井遼

政治的な左右と結びつけられがちなナショナリズムの概念を政治学の知見と国際比較からとらえなおし、日本人の政治意識が世界においてどれだけ普遍的もしくは特殊なものであるか検討する。

978-4-334-10323-1